Get Motivated

激励

[美] 塔玛拉·罗葳（Tamara Lowe）◎著

王怡文　庄安祺　谢绮蓉◎译

湖南文艺出版社
HUNAN LITERATURE AND ART PUBLISHING HOUSE

Get Motivated 激励

Get Motivated 目 录

PART ❷
六大激励因子

PART ❸
好孩子是激励出来的

PART ❹
规划自己的圆满人生

Get Motivated 激励

推荐序
成功属于获得激励的人

在过去40年的公职生涯里，我有幸与世界上许多商界、司法界、娱乐界、学术界、慈善事业，以及政府单位里最伟大的领导者共事。他们的个性、见解和政治观点各不相同，但都有一个共通点，就是对于成功有着强烈动力。这些人不见得比别人聪明或更有才华，但是他们想致胜的决心，让他们比其他更有天分的同侪更早起、熬夜到更晚，甚至更为努力。借用《圣经》里《传道书》（*Ecclesiastes*）的一句话："快跑的未必能赢，力战的未必得胜，智慧的未必得粮食，明哲的未必得资财，灵巧的未必得喜悦。"依我观察，成功和生命的重要成就，属于那些获得激励的人。

在我的成长过程中，父母和师长对我的勉励是，即使在最困难的时刻，也要诚信生活、服务他人、勇敢行动。而不论我担任市长，或现在身处商界和法律界，我不断寻找具备动力的人。我喜欢聘用这样的人，也愿意授权和培养他们，让他们有更多的能力改变周遭的世界。有动力的人会采取行动，并将梦想化为行动。事实上，动力是成就、改变和成功的核心。

正因如此，我很高兴可以为我的好友塔玛拉·罗葳的新书作序。如果要找最有资格出书谈激励的人，那人绝对非塔玛拉莫属，没有人如她一样在公开的商业讲座中，激励过这么多人。塔玛拉召集了全世界最伟大的成功人士，说服他们排开繁忙的公事，与来参加讲座的商界和社群领袖分享见解。因为如此，智慧得以转移，也提供给商界更多活力、刺激我们的经济、帮助人们成功。塔玛拉和她的先生彼得，以及他们绝佳的团队，20年来在美国各主要城市不断创造出动力十足的论坛。

我初学高尔夫球时，有个朋友告诉我："不要担心成绩，尽量挥杆，只要有所进步即可。"毫无疑问，要能不断自我精进，最好的方法就是不断练习。所以我找老师上课、买了几卷录像带、经常练习，结果球技快速进步。只要你能熟练塔玛拉在本书中提出的策略，必能大幅增进激励自己和他人的能力。这样的技能在生活顺遂时很重要，而在危急时刻更是关键。

我上任纽约市长后，立即推动几件事情，其中之一就是成立"紧急状况管理办公室"。我们从警局、消防队、公共健康单位，以及紧急事件处理机构中，调度人员，成立应变小组，针对毒气攻击、坠机、炭疽病毒和自杀炸弹攻击等状况，进行演习和沙盘推演。

在2001年9月11日那天，没有任何人设想到，会有载满平民的飞机被劫持，最后演变为人潮最多的建筑物遭到攻击。但因为我们曾针对每一种想象得到的紧急状况预作准备，所以有了更多的应变能力。我相信，我们反映出来的应变能力，显示我们平日即准备充分，这不仅挽救了成千的性命，更开始向美国各地及全世界，展现出我们坚毅不摇的精神。

充分准备的价值不在话下，而塔玛拉提供的专业训练，正可让你不论在平顺时期或艰困时刻，都能激发自己、家人、朋友、同事和客户达到最佳表现。“成就”有两大要素：大量信息和适当行动。比方说，在我担任纽约市长期间，这个城市的犯罪率已经失控。我们针对不同小区，逐一收集了大量的犯罪统计信息，之后更是立即采取行动，无论是增加该区的警力，或是修正战术，务求在问题扩大前嗅出端倪。结果成效卓著，犯罪率快速下降，纽约从全国的犯罪之都，变成全美最安全的大城市。

我发现，我的成功之处，在于激励身边的人达到最佳表现。而塔玛拉的“激励DNA”的过人之处，就在于浅显易懂，且容易上手：人是因为竞争还是合作而产生动力？他们需要稳定还是变化的环境？他们渴望精神奖赏，还是物质奖赏？有了这些基本线索，我们就可以快速了解一个人；有了这些知识，便可以有效激励他人。我推荐你阅读这本开创性的书，并实践塔玛拉的指导原则。这会让你获得启发，就像我一样。

纽约市前市长　鲁道夫·朱利安尼

Get Motivated 激 励

PART ❶ 没有无法被激励的人

· 人为何会缺乏动力

· 激励类型的自测与他测

· 进驻成就区的秘密

· 如何有效激励他人

人为何会缺乏动力

28年前，当我还在吸毒和贩毒的时候，如果有人告诉我，我很快就会跟美国总统和世界各国的领导人一起工作，我一定会认为这些人跟我一样也嗑药了！

我在新奥尔良街头长大，那是个狂欢节（Mardi Gras）从不结束的地方。我10岁就开始吸毒，12岁开始贩卖毒品，随后不久就辍学，连八年级都没念完。之后发生的事情就像一团迷雾，整整10年的生活几乎毫无记忆。我只是经历了一次又一次吸食毒品的亢奋，生活得像行尸走肉。之后，我遇到了一次改变我人生的美妙体验，也因为这个体验而彻底改变，从此有了动力！我学习到了各种自我激励和激励他人的有力策略，也将在本书中和各位分享。

从毒虫到激励大师

我戒了毒、取得高中同等学力文凭、上了大学，开始计划以后要帮助那些我最熟悉的人：毒虫、酒鬼、流浪汉、穷人和受虐者。然而，就像我人生中那些令人讶异的奇事一般，我发现我的合作对象竟是企业领导人、职业运动选手、政治家、国家领导人、乐界巨星、好莱坞名人，以及目前最有影响力的人士。

那天，当秘勤局带我坐进里根总统（五位我有幸为其效劳的总统之一）的座车时，我才惊觉我的生活已经完全改变了。身为顾问、私人教练和创业人士，我现在有能力激发许多人的动力，包括奥运金牌选手、企业领导人、中层管理及大学生。我和我先生创办的公司现在所举办的研讨会，规模是全世界最大的。借由“激励研讨会”，我们已经指导超过200万人提升职场地位、改善人际关系、赚进更多财富、达到自己的目标，并在生活中获得更大的成就感。

我们在美国举行的“激励研讨会”，参加人数高达数万人，可以把最大的运动场挤爆。我每年举办大约30场研讨会，分别在迈阿密、芝加哥、洛杉矶、亚特兰大、西雅图、达拉斯、丹佛，以及横跨美国东西两岸间的主要城市。

《华盛顿邮报》（*Washington Post*）将我们的研讨会描述为“成功致胜的超级杯”；《纽约时报》（*New York Times*）说我们“把业务员、创业者和主管人员的绩效表现，提升到了更高的层次”；《时代》（*Time*）杂志称呼我们是“激发动力的梦幻团队”；《华尔街日报》（*Wall Street Journal*）则称许我们的活动是“巡回演说界的世界大赛”。老实说，我听到这些赞美时简直无法相信。我以前是个毒贩，又在中学辍学，这种背景的人通常寿命不长，更不用说有机会经历这种层次的生活。我谦卑地感谢所有的一切。

动力是成功的汽油

这本书讲的是激发动力——如何简单快速地激励自己和别人。接下来要让大家看的是，我与我们的团队在过去8年间，和超过一万人合作研究后所得到的成果——这个有相关研究为基础，能协助大家系统性地达到成功的方法，的确非常有效。

我在过去25年间，有幸和世界上部分最有成就的人合作。他们各有不同才华、性格与技巧，但具备了一个共同点：每个人都有很强的动力。一个人的动力愈强，成功经验就愈多。动力愈强的人，事业的进展会更快、更广，能赚取更多财富、生产力更高、人际关系更好，而且跟身边动力较低的人相比，显得更为快乐。

其实，我更想说的是，动力是每个人在人生的不同面向中，获得成功的最主要因素之一。教育很重要，但动力更重要；才华很重要，但动力更重要；你的人脉很重要，但个人动力的重要性，远在这些条件之上。

你希望能有更多热情和精力来达到目标吗？当你觉得动力降低的时候，是否想知道如何让斗志瞬间重燃？如果能够激励你所爱的人——好比另一半、孩子们、朋友和家人，并且帮助他们做到最好，那该有多好？你想知道如何激发部属有最佳表现吗？我有好消息要告诉你，许多令人振奋的新研究告诉我们，该如何激发动力，并且维持斗志——这就是本书想要带给大家的信息。

动力是带来行动的力量，就像推动车子前进的汽油。你也许拥有一部高科技结晶的千万跑车，但若没有汽油，就哪里都去不了。而动力就像成功的汽油。有些人也许机智聪颖、才华横溢，机会唾手可得，但若缺乏动力，这些能力就无法发挥。

解开动力密码

我们绝大多数人，都没有办法像自己所希望的那么成功，这是因为我们大多不知道如何运用动力，激发自己前进。动力毕竟是个难以理解的概念，有时我们可能感到充满斗志，隔天又觉得自己像泄了气的皮球；我们可能一早起来精神奕奕，但还没到午餐时间就已经精疲力竭。当我们充满动力时，通常连自己都不明白为什么；更糟的是，我们也不知道自己的动力能持续多久。在缺乏动力时，我们也找不出方法，以再次激发自己的能量和兴趣。动力无法预测，就像风一样来去自如。

动力的神秘让教育家、雇主和行为学家困惑了数百年。主管们思索着要怎么做，才能促使员工和团队更具生产力？父母激发孩子动力最好的方法是什么？老师要如何激发缺乏动力的学生？教练如何激发运动员更上一层楼，进而得到冠军？或许最重要的是，我们每个人该怎么激励自己？

以前想要激发动力就像是碰运气，好比希望蒙眼掷飞镖时能射中靶心，有时我们会在无意间选到一个有效的策略，但多半时候都是无法成功的。这种不熟练、随兴的方法无法产生可靠的结果。你心里可能在想：一定有更好的方法吧？让我告诉你：有的！

在本书里，你将会学到解开动力密码的工具和技巧。我要让你看看如何以快速、简单又可靠的方法来激励自己和他人，而且又能获得最佳的效果。你不只能学到如何激发动力，也将学会如何维持它。

无论你是位想要激励员工的主管，还是只想实现自己定下的目标，这本书都能对你有所帮助。你想要增加收入、戒烟、创业、减肥或改善健康吗？我要分享的，不只是如何获得完成这些事所需要的动力而已。你是想要了解如何激励孩子的父母或老师吗？这本书正切合你所需。事实上，本书还能帮助你改善且丰富你的人际关系。

第二章即将谈到“激励DNA量表”，我将会在该章节说明，如何借由这张量表来剖析他人，让你可以在几秒钟内，知道应该借由哪些激励因子让别人动起来，以及如何与他人沟通、建立关系并且鼓舞、激励他人；此外，你也将会学到如何自我激励。

四大激励定律

大多数讨论动力的书，内容多半是老生常谈，解决方案也过于简单，就像是儿童爱喝的合成果汁，只有糖分而没有养分。这些书好像都有固定的模式，且向读者保证，只要“简单的步骤，你就能轻松完成梦想”。这些步骤确实很简单，而且我们也早就知道是什么：掌握要诀，不要只是埋头苦干、保持良好态度、确立目标、正向思考、永不放弃等。

如果你以为这些步骤就是本书的内容，那我可以跟你保证，本书的内容绝不会让你感到无聊而陷入昏迷，即将呈现在你眼前的智慧结晶和方法论，正是激发动力的新颖实用步骤。我不会给你一大盘“动力拼盘”来污辱你的智商，也承诺不会再给你任何单调的格言、愚蠢的口号、老掉牙的俗谚或是平淡的文字。这是本给成熟人士看的书。

其实，不可能每个人都沿用同样的“简单十步骤”，且获得同样的结果。就算有十个人都使用同样的步骤，就统计学来说，也不可能得到相同的结果。动力是每个人都拥有的独一无二的力量。

就像每个人都有不同的指纹和个别的DNA，每个人也都有自己的启动模式；能够激励我的模式，不一定能激励你。如果用对我有效的策略来激励你，那么成功的机会一定非常小。为了能够有效激励自己和他人，首先你必须了解的是，激励的四大定律。

1. 每个人被激励的原因都不同

我研究人类成就的形成模式超过20年。在分析资料之后，我深信金克拉（Zig Ziglar）在我们的讲台上说过许多次的话：“没有无法被激励的人。”你也许会对此感到意外，但这却是千真万确的。每个人都能够被激励，就算是骗子和犯人也不例外。银行抢匪受到某种动机驱使而去抢银行，有毒瘾的人因为某种动机而吸毒。这些人都受到了激励，只是促成他们行动的原因是错误的。尽管如此，人人都可能因为正确的原因而受到激励，而这正是达到更高层次成就的秘密。

虽然每个人都能受到激励，但足以让每个人产生动力的原因却各不相同。这也是为什么有时为人父母者会说：“在有了第一个小孩后，我以为我已经搞懂怎样当爸妈了，结果等到有了第二个小孩之后，所有的规则又都变了！”适用于第一个孩子的激励方法，不一定适用于第二个孩子。你看吧，即使还在儿童时期，每个人就已经有了不同的动力密码。

你认为，主管这么难以激励部属或鼓舞团队士气的原因在哪儿？这是因为，每个人或团队被激励的原因都不同，但多数主管通常会以自己觉得具有激励性的策略，来提升团队成员的生产力。当这些策略在员工身上不管用时，主管就会说："这些员工缺乏动力。"这真是绝大的错误。大部分的员工都动力十足，只是能鼓舞他们的方式，也许和主管认可的激励方式不同罢了。

2. 每个人都有自己独特的激励类型

每个人都有自己独特的成功模式，我称之为激励DNA。

遗传DNA决定了每个人的生理特质，激励DNA则决定了你被激励的方式。激励DNA包含了可以激励你的"驱动力"（Drives）、"需求"（Needs）、"奖赏"（Awards）。

激励你的"驱动力、需求、奖赏"（激励DNA）集合成为一种模式，而这种模式就像你的指纹一样独特。这些因子在你还是胚胎时就形成了，之后就跟着你一辈子。这并非人为可以改变的东西，而是你与生俱来的一部分。

我们每个人都有一套独特的激励程序，这个程序决定了什么事会激励我们，什么事不会。对别人有用的方法在你身上不见得管用。为什么？这是因为每个人的激励DNA都不相同。也就是，只有某种特定的方式才足以激励你，有某些激励因子特别能够诱导、启发你，而其他方式则会令你讨厌，更有可能的是，这是你无法成功的原因。

"生活质量多半由个人动力而决定。"这句话的重要性由此可见。每个人的人际关系、财务状况、健康情形、个人目标及专业成就，都取决于激励DNA。不仅如此，你能否成功地激励周遭亲友，也要看你是否有能力找出他们的激励类型。

卓越的领导人往往凭着敏锐的直觉，就能找到他人的激励类型，并且察觉如何才能启发自己和他人。对一般人而言，我们缺乏的则是一个有用的方法，激励DNA便能够解决这个问题。

激励DNA

我在本书所使用的激励DNA研究，是我在1999年开发的。从那时候开始，全世界许多客户、顾问、教育家都参与了我的研究过程。我和我的团队所进行的初步研究，对象超过一万人，职业遍及各个领域：商业、医疗、教育、政府机关、艺术、娱乐、运动、科学、法律及财经。

为了找出激励人们的原因，我造访了70多个国家，和各国国王、总理、总统进行过讨论。在过去20年间，也和几乎所有的超级杯（Super Bowl）胜队教练以及四分卫亲自面谈过。此外，我和奥斯卡奖得主、格莱美奖得主、奥林匹克奖牌得主、《纽约时报》畅销书排行榜作家、NBA明星球员、进入棒球名人堂的选手、百万富翁、亿万富翁及一线名人等都合作过，这一长串的名单等于就是成功名人榜，这份名单让我找出人们获得特殊成就时，所具备的相似点、趋势、行为及特质。

成功“因人而异”的特性，经常让我感到困惑。为什么一个拥有无比聪明才智、热情与决心的人成功了，但另一个拥有相同才华、热情与决心的人却失败了？在问过这些问题之后，我面对的却是更多疑问：

◎动力是来自内在还是外在？属于环境因素还是遗传因素？

◎光是仰赖动力是否就能改变偏差行为？

◎具有动力的人是天生如此，还是后天养成的？

◎真的有可能激励某些人做出他们完全不想做的事吗？

◎哪一种诱因最能激励人心?

最后一个疑问是，我能够突破以往瓶颈的真正原因是什么？在经过数年的研究之后，我和研究团队发现，有81种原因是大家认为最能够激励他们的，包括爱、金钱、好奇心、奉献、受到重视的感觉，以及害怕失败的感觉等。将这些激励原因化繁为简之后，我们发现有六大因子，可以完全涵盖这81种激励原因。若能解出这些因子的正确组合，就可以激发一个人的能力，获得最大的成功。

我们发现的模式，和大多数人都有极高的正相关，且不须考虑年龄、性别、性格、种族、宗教信仰或教育程度。简单来说，我们的激励DNA研究确实有效！

3. 激励你的模式，不一定能激励我

我第一次认识到激励DNA，是和两个小孩在一起时：我的儿子柴克和布莱兹，当时他们分别是5岁和10岁。虽然柴克和布莱兹是同一对父母所生的、住在同一栋房子、上同一所学校、去同一座教堂，也喜欢相同的运动，但两兄弟的个性可说是南辕北辙。两人虽然都很聪明、讨人喜欢，也很有运动细胞，但个性却完全不同。弟弟布莱兹较为活泼，易与他人合作、外向且心地善良；哥哥柴克则较为严肃、喜欢唱反调、内向而且悲观。两个都是很棒的小孩，但弟弟总是比较容易受到激励，也比较有活力。

不幸的是，我犯了一个常见的错误——一个除非你了解激励DNA，否则无法避免的错误。我以为我的孩子当中，一个较具有动力，另一个则比较缺乏斗志。我当时不知道的是，其实我的两个孩子都具有高度动力，但我激励其中一个的方式是正确的，对另一个

却用错了方法。事实上，我用了错误的方式来激励长子柴克，反而使他丧失了动力。我用激励弟弟的方式来激励柴克，但因为两兄弟的激励类型完全相反，对布莱兹管用的激励因素，却只是让柴克更加难受。

我现在知道的是，柴克的激励类型是属于PSE（秘书长型），也就是以“任务”为其驱动力、偏好“稳定”、喜欢“物质”奖赏（稍后我会详细解释这些概念）；而布莱兹则是CVI（外交官型），他喜欢与他人建立“关系”、追求“变化”、喜欢“精神”奖赏。目前你只需要知道，这两个孩子的激励因子无法复制，他们需要完全不同的策略，才能受到激励。

身为母亲，我对家里的状况感到挫折。柴克得到了比较多的关怀，反让我觉得布莱兹（我以为他是比较乐于合作和易受激励的）被冷落了。我和兄弟俩相处时，好像多半时间都花在纠正错误、哄骗和责骂柴克，而遗忘了布莱兹因为行为良好，因此而应该得到一些奖赏。

这太可笑了！我这么告诉自己。我是个激发动力的演说家和教育家，怎么会找不到方法激励自己10岁的儿子！在我们家里，柴克简直就是格格不入，但我就是找不出原因。布莱兹有活力、善于言辞、有自信，而柴克在众人面前说话时，则总是轻声细语。布莱兹可以和任何大人，自在地交谈20分钟；而柴克连和大人握手时，都无法直视对方的眼睛。家里的其余成员都是“杯子里还有半杯水”的乐观主义者；而柴克则总是看到“杯子里的水已经空了一半”，尽往最坏的方面想。

有趣的是，柴克从小就是如此。我第一次和柴克的对话，发生在他14个月大时，当时他会的词汇只有十来个，且心情不佳，不断地哭闹，而我则设法安抚。

“柴克，你要奶瓶吗？”

“不要！”

“你饿了吗？”

“不！”

“你累了吗？你想睡觉吗？”

“不要！不要！”

“那我们一起看《芝麻街》好不好？”

“不要！”

“你要玩玩具吗？还是要去公园？”

“不要！”

接下来的对话都和这差不多。

最后我发火了，我说：“你只会说‘不’吗？”

他抬起他胖胖的小脚丫，用力地跺脚：“不！”接着大叫，“不可能！”

我当时（甚至之后整整10年间）不了解的是，柴克拥有非常特殊的激励DNA。为了了解我的孩子，我们一起做了一些原本替客户用来培训人员的测验，包括性格测试、优点分析、倾听练习以及各种测评。在这些过程中，我偶然发现了激励DNA中所隐藏的成功密码，之后才开始解开这个密码。

利用本书所描述的技巧，我马上就发现了在柴克身上产生的改变。这些变化来得非常快，可以说是速度惊人，那时我就知道终于用对方法了。我开始以和柴克的激励类型兼容的驱动力来激励他，而他也开始进步，从不合作、喜欢唱反调，转变为乐于和他人合作又合群。以前讨厌做家务的小孩，现在开始自动自发整理房间，而且会倒垃圾。两个月后，这个以前在众人面前说话时音量细小，且内向、害羞的男孩，现在却能通过学校话剧社试镜，并获得主角的角色。事实上，我和先生在柴克身上使用了许多书中提到的激励技巧，而且运用得愈频繁，柴克就变得愈有动力。

3年之后，柴克成为学校里最受欢迎且最外向的孩子。他的平均成绩从2.8，突飞猛进为3.9。柴克现在不但是学校足球队的明星球员，想做的每件事，也都能做得很好。老师和同学投票选他为全校“最具动力的领导者”。之后，柴克更从数千位青年中脱颖而出，成为14位代表中的一员，获选参加一个优秀青年领导人的训练课程。

去年夏天，柴克协助我主持了几场“激励研讨会”。在18000名听众面前，他表现得就像个专业人士，而且还在台上和几位美国橄榄球联盟（NFL）明星，以问答方式进行访谈——全程没有用到提词卡哦！柴克的专业、仪态和机智，让大家印象深刻，在运动明星们下台后，观众们起立为他鼓掌。这是激励DNA展现力量的一个实例——它确实有效！

4. 激励类型不分优劣

请记住，每个人受到激励的原因都各不相同，这没有关系，并没有哪一类激励DNA是最好的，就如同没有哪一种血型是最优秀的血型一样。你的血型可能是A型，而我是B型，没有一种血型比其他血型好。只有到了有人需要输血时，血型的差异才会出现。需要输血的人，得找到血型相符的捐血者，因为输错血可能带来致命的后果。

同样地，如果我尝试用对我有效的激励策略激励别人，这绝对会彻底浇熄那个人的斗志。每一个人的激励类型都不一样，对你来说非常有效的激励方式，可能会在其他人身上造成反效果。

举个例子，我家里放了一个不需钥匙的电子保险箱，箱子上有一个数字键盘，在输入6位数密码之后，保险箱才可以开启。只有以正确顺序输入这6个正确的数字，你才打得开保险箱；如果输入错误，保险箱会发出简短的哔声，表示你输入的密码有误，必须重新输入。如果连续3次输入错误，密码系统就会关闭，保险箱也就不会再接受任何密码，这时即使有正确的密码也不行。可惜的是，人就和这密码系统很像，如果你一直尝试以错误的方式激励他人，这些人就会“关闭”、“锁上”。这就是为什么了解、分析，并且应用激励DNA的译码技巧，是相当重要的一件事。

激励DNA也许听来复杂，但其实很容易了解。在本书里，我将要告诉你，所有为了成功应用这项技巧所必须知道的事。

就像生物DNA，是由联结在一起的个别基因所组成的一样，激励DNA也包含了联结在一起的特殊因子。

激励DNA包含了驱动力、需求和奖赏：

◎与人建立关系及／或以任务为导向的驱动力，是驱使一个人展开行动的内在原因。

◎偏好稳定及／或变化，是一个人为了获得满足感，所需取得的基本条件。

◎精神及／或物质奖赏，是一个人希望获得的回报，以奖赏自己的成就与表现。

我将六种激励DNA用表1-1这个容易阅读的方式呈现：

表1-1 六种激励因子

D（驱动力）	N（需求）	A（奖赏）
关系导向	偏好稳定	精神奖赏
任务导向	偏好变化	物质奖赏

驱使人展开行动的内在原因

为了获得满足感，必须取得的基本条件

人在完成目标后，希望获得的回报，无论那是物质上的金钱或奖品，还是精神与心理上获得的赞美

图1-1 什么是激励DNA?

这六种激励因子（关系导向、任务导向、偏好稳定、偏好变化、精神奖赏、物质奖赏）可以激励每一个人。不管程度如何，我们都希望与他人建立关系，且希望自己能够以任务为导向，每个人都希望能享有某种程度的稳定与变化，也都希望能获得精神奖赏（例如感谢）以及物质奖赏（例如财务报酬）。然而，我们每个人都绝对偏好其中三项因子。

三个简单的指标

以下这3个问题我已经问过数千人，这是自古以来成功模式的简单指针。若要迅速得知你自己的激励DNA，请回答以下3个问题，借此便可以简单地评估你的基本激励类型。

◎通常你爱好竞争还是乐于合作？

爱好竞争的人，拥有我称为具有产能的驱动力，较为任务导向。乐于合作的人，则是关系导向，也就是说，通常喜欢与他人建立良好关系，或以人际关系为中心。

◎你偏好持续性或变化性？

偏好持续的人拥有对于稳定的需求——他们需要维持一致性、秩序及规律。相对而言，偏好变化的人则拥有我所谓对于变化的需求——他们会接受新经验的刺激，并因为变化而受到启发。

◎以下哪一项会让你感觉工作更有价值：金钱奖励以外的真诚感谢，还是不带感谢的奖金奖励？

如果你偏好真诚的感谢，你拥有我称为精神奖赏的系统，其特性为偏好私下的认可与贡献。如果你宁愿获得金钱的奖励，这就是我称为物质奖赏的系统，其特性为偏好公开的认可，与获得晋升的机会。

这3个问题是个快速简单的方式，可以得知你的激励类型。等你开始回答第二章的21个问题时，我会帮助你更进一步发掘自己的主要激励DNA，你也会学到，如何按照自己的类型来自我激励。

请记住，你的成功模式在各种情况或不同环境下，都会有所改变，在不同情境下激励你的原因，以后都有可能发生变化，家里、工作场合、和朋友一起，或是在学习环境中，都会有不同的激励所需。举例来说，我丈夫彼得在工作时的任务驱动力高出正常值，他会为了完成具有挑战性的目标，而全力完成工作。但在家时，他的主要驱动力则转变为建立关系，因为他会在任务导向和对于人际关系的需求之间建立平衡；而这两项因素与他的专业目标截然不同。

正如同钻石切割面会随着光线角度的不同，而折射出不同的颜色，我们每个人在生活中的不同面向上，也会反映出不同的激励倾向。以工作来说，在排定优先级并执行任务时，你也许需要极高的稳定性；但以人际关系来说，你的主要需求可能转为偏好变化，因为你想要享受、学习、旅游，并和你所爱的人一起成长。

随着年纪渐长，或是生活重心发生变化，你的激励偏好也可能随之改变。正如同年龄增加之后，生理会产生变化（即使我们的遗传DNA仍不变），我们的激励偏好也会随着年龄增加而改变（但我们的基本激励因素仍不变）。你愈了解激励DNA的基本原则和运作方式，就愈容易在不同的场合里激励自己和他人。

六大激励因子

我8岁的时候，有一次爸妈带我去参加游园会，其中一个摊位里，有个警察在跟小孩玩“按指纹”的游戏。这位高高的，看来很和气的警察，把我的拇指压在一块黑色的板子，然后再印在一张小卡片上。在我看着自己沾上黑色墨水的指头时，他也看着我的指纹；警察微微一笑，把卡片拿给我，然后说：“你会咬手指头，对吧？”

我感到有点害臊，但更令我惊讶的是，他为什么光看我的指纹卡就知道呢？

这位警察指着我拇指上的一个小凹痕，我到现在还留着这个痕迹。他说："咬手指头的小孩，指纹上会出现一个凹痕。"

靠着几个显著的特征，他观察到了别人所不知道的事，而这也是我不希望别人知道的事。激励DNA也是如此。当你学会这个方法的时候，就知道如何只借由几项显著的特征，来判断自己和他人的激励DNA。即使你想要激励的人，并不想让别人知道他的激励因子是什么（或是连他自己也不知道）的时候，也不例外。

现在让我们来仔细看看激励DNA的六大因子究竟是什么，以及差异在哪里。

◎是什么力量促使你采取行动

任务导向。拥有"任务导向"驱动力的人，倾向于取得成就，并重视结果。此外，任务导向的人，通常也是个策略思考者和问题解决者。他们有强烈的领导才能，并且在压力下也能生存。任务导向的人通常能坚持到底、有活力且有自信。他们可以组织群众，推动计划。比尔·盖茨、芭芭拉·沃尔特斯（Barbara Walters）、兰斯·阿姆斯特朗（Lance Armstrong）都是任务导向的代表人物。

关系导向。关系导向的人，易受感情因素影响，着重建立关系。这种人通常较为友善、可信赖、深受他人喜爱，他们是很好的倾听者，让别人可以抒发心声。这种类型的人热心助人、忠诚、包容力与合作性较高。他们重视团体合作、和谐与合群，他们是那种会为别人成功而庆祝的人。

每种激励因子都有可能出现较不受欢迎的特质，我把这些负面特质称为"突变特性"。从生物学上来说，DNA结构突然发生改变就会造成突变。突变发生时，原有DNA不具备的特性或特质就会产生；突变组可能造成遗传疾病或带来其他不利的特征，例如脊裂症或唐氏综合征。同样地，激励DNA里的突变特性，也会带来令人不悦的行为。

例如，由于任务导向的人着重达成目标，他们可能竞争性过强，表现出不计代价也要赢的行为，因此极有可能惹火同事或朋友。相对而言，关系导向的人有可能过于柔顺与迎合他人，而让别人占了自己的便宜，或大费周章只为了避免有正面意义的冲突。

◎为了获得满足感，你需要什么基本条件

偏好稳定。偏好稳定的人喜欢规律，他们喜欢安排时间表、有系统、有组织，通常很务实、有条不紊、富有责任感。偏好稳定的人愿意遵守程序及规则，他们要有确定感才觉得踏实。他们着重准确度，并且在下决定时遵循逻辑（而不是感情用事）。偏好稳定的人通常较为小心且能持续到底，他们拥有优异的组织行动力，也就是能够让火车准时行驶的那群人。偏好稳定的人会调整想法，并且改善过程。

偏好变化。拥有此一特质的人喜欢变化，通常较为活泼、有说服力且能够自由发挥。偏好变化的人，不会因为快速或临时的变动而气急败坏，他们拥有“换挡”的能力，而且能够随时适应新的环境。他们对自己学习新技巧的能力很有信心。偏好变化的人享受各种乐趣且相当热心，通常乐于冒险并急于尝试新的经验。

偏好稳定型和偏好变化型也有些缺点，或是“突变特性”：

偏好稳定的人有时会优柔寡断。他们有时会因为，认为自己需要更多时间分析各种选项，或因为缺乏足够信息以作出正确决定，而迟迟未采取行动。他们有时也会缺乏改变的弹性，又不愿意创新。偏好稳定的人，通常会对新想法或计划太过吹毛求疵。

偏好变化的人则倾向低估风险，可能会因为对于新想法或未来的方向过于兴奋，而未能仔细评估风险。他们可能会对规律、常态愈来愈没有耐性，而且不管结果如何，也常常急于动手改变。偏好稳定的人可能流于光说不练，而偏好变化的人则是急于行动、疏于思考。

◎在完成目标后，你希望获得什么回报

精神奖赏。被归类为喜欢精神奖赏的人，会因为对方真诚的感谢，而觉得受到重视与尊重。他们是“身负重任”型的人，希望自己能作出正向的改变，且重视贡献的价值。喜欢精神奖赏的人，通常比较喜欢私下受到认可，而不是公开的赞扬。他们会因为有意义的工作而获得满足，心理上的满足对他们而言才是最重要的。他们需要感觉工作愉快。喜欢精神奖赏的人，通常会因为良好的工作环境、同事友善、有个人成长的空间，以及可以获得明确的正向回馈，而获得激励。

物质奖赏。被归类为喜欢物质奖赏的人，会因为明确的薪酬福利，而感觉受到重视。他们重视辛勤的工作，并且相信获胜的一方应该获得奖赏。这一类型的人喜欢受到上司的公开赞扬、喜欢享有特权，以及不受控制的自由。对他们而言，最重要的是公平的游戏规则。他们希望自己所付出的劳力，能获得相当的财务报酬。喜欢物质奖赏的人，会因为薪水、奖金、权力、升迁的机会、个人办公室和额外津贴，而受到激励。

可惜的是，我们的文化通常认为，精神奖赏才是美德，物质奖赏则被认为是贪心；内部系统无私，外部系统则是自私。但是这种刻板印象，不仅贬低了物质奖赏的价值，且深具破坏性又不符合事实。我的兄弟布莱恩，正好是个喜欢物质奖赏的人，他因为金钱而受到激励，但也是世界上我所知道的，最大方的人之一。他大方捐献给无数的慈善和孩童机构，认识布莱恩的朋友，没有一个人会认为他贪心。相反地，他心地善良而且乐于付出，却正好是个重视物质奖赏的人。奖赏不能拿来衡量一个人的性格，而只是一种让人感觉受到重视与感谢的基本原因。请记住，只有不同的激励类型，但没有“最好”的激励类型。

让你发光发热的成就区

当你的驱动力、需求和奖赏都达到标准了，你就到达了我称为“成就区”的地方。这就像是把电池、电线与白炽灯组合成一个发光体，你一定会发光发热！但如果你的三项激励因子只有达成两项，例如只有驱动力和需求，那么你仍然会有合理程度的满足感，但不会获得完全的成就感。

假设你属于CSI（实干家型）——关系导向、偏好稳定、精神奖赏。重视精神奖赏的你，会因为知道自己能作出正面的贡献而受到激励。现在，假设你的工作稳定，同事们都很和善，大家的思考模式也多半相同。也就是说，你有两项激励因子是重叠在一起的——你的关系趋动力和对稳定的需求，但你的工作并不能对任何人产生正面影响。你工作做得很好，但不觉得这会造成什么不同。在这种状况下，你不可能真正获得成就感。你仍然可以成功地做好工作，甚至喜欢这份工作的许多部分，但不会真的因为这份工作而神采飞扬，因此你的激励程度会降低，也不会因为工作上的满足

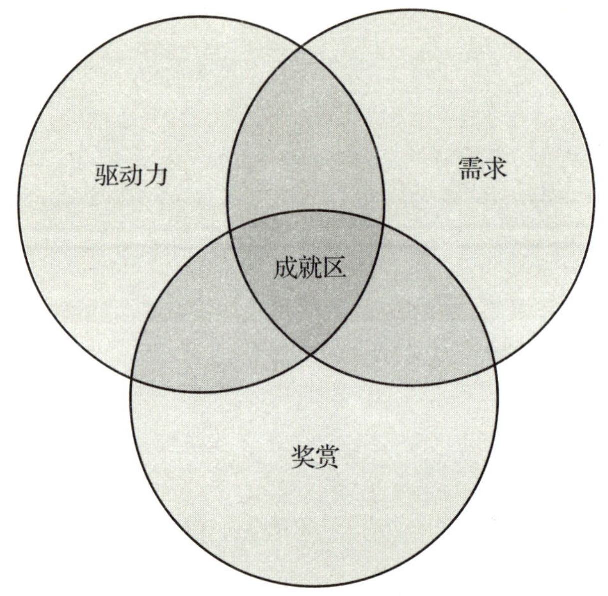

图1–2　能激发最多能量的成就区

感，而享受到乐趣。

在图1–2里，我把驱动力、需求和奖赏，画成中间重叠的三个圆圈，而能够激发最多能量的热点，就是中间的暗色区域。这个我称为成就区的地方，能让你觉得工作有趣又容易获得成功。但只有当你的激励DNA中的驱动力、需求和奖赏全部获得满足时，你才能到达这个地方。

根据我的研究，我可以告诉你，只有大约15%的人仅靠直觉，就知道自己的激励DNA为何，并且能够利用这种知识让自己获益。多数人只是隐约知道，哪些因素能够激励他们，更不用说，要如何有效地激励他人了。在以下几个章节里，我要告诉你，如何找到自己的激励DNA，同时学会如何运用激励DNA的原则，来激励自己、同事、朋友、家人和其他人。你将知道，如何运用与自己激励类型相符的策略，好让你在生活上的每个层面，都能获得令人刮目相看的成绩，无论是生理上、财务上、心理上，在职场或是在家里。

一旦开始有意识地利用激励模式来自我激励之后，你会发现自己在工作和生活上，都将产生惊人的进展，过去未能完成的目标，也将能轻松完成。而当你学会利用这个方法激励别人之后，以前你认为难缠或冷淡的人，将会在你面前发生改变。他们会变得容易合作、乐于学习且急于达到目标。这个效果非常深远，也会影响你所做的每一件事，以及你所接触的每一个人。

我们将在第二章解开你的激励密码，我可以向你保证，你不必是个科学家也能解开这个密码。我们开始吧！

▶ 激励类型的自测与他测

我们已经讨论过组成激励DNA的六项因子——关系导向v.s.任务导向（我们的驱动力）；偏好稳定v.s.偏好变化（我们的需求）；精神奖赏v.s.物质奖赏（我们的奖励），现在该是评估你独特成就模式的时候了。

纵使每个人都会受到这六项因子激励，但每个人对于这些因子，还是有自己独特的偏好或取向。要能最有效地激励自己或其他人，你必须深入激励DNA的核心。

接下来的21个问题，将会点出你主要的激励因子，并为你的激励DNA解码。如果你希望在线进行这项评估，可以到www.GetMotivatedBook.com，程序会自动计算出你的测试结果。

激励DNA量表

这份诊断包含了21组问题，可以借此找出你主要的激励类型。只要在每道题组中，选择最符合你生活中大部分状况的那项叙述，并将选定的答案做个记号即可。有时候，你可能会觉得两项叙述都很贴近你的状况，但如果一定要从两者中择一，哪一个较能正确反映你过去的思考模式和行为？如果仔细思考，你将会发现两者之间，还是有一个比较正确。最好不要过度分析你的选择，愈是用直觉来回答，愈能得到比较正确的结果。

21个激励密码	A	B	C	D	E	F
1. 我是个愿意支持别人、友善的人，会想要主动亲近别人。			●			
我是个喜欢追求卓越、创造非凡成就的人。	●					
2. 我较相信直觉，并且勇于冒险。						●
我较相信方法，并且谨慎小心。				●		
3. 我有好的表现时，会希望得到奖励。				●		
对我而言，我做的事情要能让我产生认同感。		●				
4. 我有的时候不是很有自信。			●			
我有的时候会自信过度。	●					

5. 我喜欢快速、紧凑、刺激的生活步调。						●
我喜欢不疾不徐、稳定、平静的生活步调。				●		
6. 我喜欢公开表扬，胜于私下鼓励。					●	
我喜欢私下鼓励，胜于公开表扬。		●				
7. 我个性谨慎，对无法预期的事情会预作准备。				●		
我有创意，喜欢在问题出现时即兴处理。						●
8. 多数时间，我喜欢有主导权。	●					
多数时间，我喜欢让别人主导。			●			
9. 我想要追求能得到财富名望和他人赞赏的工作。				●		
如果我做的事情，可以为别人带来很大的正面意义，我愿意放弃金钱上的奖励和他人的赞赏。		●				
10. 我是个步调缓慢、心胸开放、平易近人的人。			●			
我是个积极、果断和自信的人。	●					
11. 对我而言，能有更好的物质享受非常重要。					●	
对我而言，能有更好的物质享受不是很重要。		●				
12. 我是个专注而有纪律的人。				●		
我是个冲动、大胆的人。						●

13. 我是个行动积极的人。	●					
我喜欢顺其自然。			●			
14. 我不喜欢处理琐碎的事情。						●
我喜欢把细节都处理好。				●		
15. 对我来说，留下对人类有贡献的事迹非常重要。		●				
获得财富和人们对我的尊重很重要。					●	
16. 我喜欢融入人群，胜于与众不同。			●			
我比较喜欢与众不同，胜于融入人群。	●					
17. 我喜欢生活稳定和心灵平静。				●		
我喜欢挑战自我、从事新的事物。						●
18. 如果选择工作，我重视的是薪资和津贴。					●	
如果选择工作，我重视的是工作内容。		●				
19. 我喜欢挑战现况，让事情顺利进行。	●					
我喜欢安抚场面，使大家平静下来。			●			
20. 我很在意别人对我的看法。		●				
只要我有把握，别人的看法并不重要。					●	

21. 提出新想法、让大家感兴趣是我的长处之一。 推动想法、确定每个步骤都能落实是我的长处之一。				●		●

测验结果

一、A和C项，何者分数较高？将符合你状况的粗体字圈出。

如果A的总分较高，你属于**任务导向型**（Producer）。

如果C的总分较高，你属于**关系导向型**（Connector）。

二、D和F项，何者分数较高？将符合你状况的粗体字圈出。

如果D的总分较高，你属于**偏好稳定型**（Stabilizer）。

如果F的总分较高，你属于**偏好变化型**（Variable）。

三、B和E项，何者分数较高？将符合你状况的粗体字圈出。

如果B的总分较高，你重视**精神奖赏型**（Internal）。

如果E的总分较高，你重视**物质奖赏型**（External）。

请将圈出的粗体字中，第一个英文字母填入下列空格。你的激励类型即为____ ____ ____

现在，你已经找出了自己主要的激励类型。接下来的几章，你将会学到如何运用这些知识，激励自己和各种不同类型的同事、配偶、朋友和家人。

在第一部分，我们将会说明各种激励类型的组成因子，以及你可以如何通过友善地询问及被动观察，找出他人的激励类型。你也会学到这些不同的因子如何互相影响，进而塑造出你受到激励的方式。你会发现，自己的激励类型和其他类型之间的差异，并且知道如何激励那些与你有着不同激励DNA的人。

在第二部分，我们会更深入探讨激励DNA的六大激励因子。你会精准地发现，是哪些因子激发了你的动力，而哪些因子又会让你失去动力。你将学到的是，不同激励因子的人会如何思考，怎样才能有效地与他们合作、沟通、解决冲突，并启发、领导他们。简言之，第二部分会告诉你，要通过什么方式，才能让自己和他人有最佳表现。

第三部分将会教你如何激励不同年龄层和不同激励类型的孩童。针对每个阶段的孩童，你将学会何种方式才最能激励他们，以及如何启发孩童乐于学习，并塑造合作、正向的态度，教养出有自信、能自我激励的孩子。

最后在第四部分，我们会分析要达成你的人生目标，有哪些策略步骤，以及最佳的实践方式，让你在一开始就打好基础，一路坚持到底。

现在，我想要让各位先对八大激励类型有简单的了解。在接下来的篇幅，你会看到八种激励类型和一些运用激励DNA达到目标的秘诀。

八大激励类型

1. PSI（将军）：任务导向、偏好稳定、精神奖赏

◇ **特质：**将军是策略思考者，能够推动项目；他们善于掌握细节，并且有执行的精力。将军通常实际而责任心重，重视最后结果，喜欢切入重点；他们以完成任务为重，是绝佳的问题解决者。将军对进度、系统和组织非常在行，专注于让自己的努力能有所成就和产生有价值的结果。在能享有自主权的组织形态中，将军能有卓越表现；他们清楚知道自己为团体或组织带来的价值，但也需要感觉到自己的成就受到真心的感激。将军以任务为主要思维，希望自己的努力可以为他人带来正面贡献。

◇ **激励因素：**免于不必要的限制，能管理自己的时间，同侪的认同，个人成长的机会，完善的组织架构，明确且正面的回馈。

◇ **沮丧因素：**模糊的目标，不能独立自主的同侪，顺从团体压力的决策，无法掌控自己的时间，不能自行寻找解决的办法。

◇ **达到目标的秘诀：**薄弱的目标无法激发你的动力，请设定有意义且具有挑战性的目标，你会因为挑战而更有斗志。如果可以的话，寻找竞争！但要记得的是，请确保竞争对象是重要的事物。例如，如果你想要健身，可以找一个自己支持的慈善团体，训练自己参加慈善马拉松比赛，去帮助这个团体。维持制度的一致性，以及建立良好的行事准则与方法步骤，可以助你一臂之力。你可以制订一个稳定且具有阶段性目标的计划，把每日例行作业变成达到目标的过程，接着追踪计划的执

行效果。善用工作表或日历，可以让你有更可靠的工具，并且进一步激发你的行动力。

2. PVI（改革家）：任务导向、偏好变化、精神奖赏

◇ **特质：**改革家意志坚定、精力旺盛、信心十足，可以组织人群和管理项目；他们领导潜力十足，对危机能快速反应。改革家是有创意的思考者，能够创造愿景，并且让他人对此前景感到兴奋；他们喜欢同时从事多项项目，也喜欢投注精力于探索各种概念。改革家既有远见，又有想象力，因此当他们面对困难的问题时，往往善于找到最有创意的解决办法。改革家享受变化，在压力下特别有活力；他们能够改变做事方式，并进行调整，而且对于自己学会新技术的能力很有信心。改革家享受挑战，渴望个人成长，他们希望能知道自己的工作有什么重要性，也渴望能达成别人从没做过的事。

◇ **激励因素：**具启发性的工作环境，能有原创及起草新想法的机会，同侪的尊敬，获得工作成果应该得到的功劳，强烈的使命感。

◇ **沮丧因素：**僵化的组织，单调而无变化的例行公事，延误，浪费时间的细节，缺乏效能的行政组织。

◇ **达到目标的秘诀：**重要的是，你一定要能有所选择；尽量列出可以完成目标的不同方法，然后将其重新组合，每个方法都请试试看。一成不变的事情，很快就会让你感到厌倦。建立一个达成目标的特定计划，如果有些方式不适合你，犯不着强迫自己，请将其删除。找更好的方法，例如比较有趣，或愉悦的方式。做详细的记录，解释你的目标对你有何重要性。如果你达到目标，自己和他

人会有什么帮助？如果没达到，会有什么结果？

3. PSE（秘书长）：任务导向、偏好稳定、物质奖赏

◇ **特质：**秘书长渴望具体明确的结果，且要求精确的细节；他们很有决心及主见，也很独立，可以在没有人监控的情况下完成绝佳的成果。秘书长可以很快作出决策，但是比较希望在收集到所有资料后才决定；他们喜欢掌控大局，具备相当的组织能力，轻易就能建立一套系统和做事的流程。秘书长会因为具体的福利配套措施，而感到受肯定和尊荣；他们依循具体方法，努力向能够提供丰厚奖励的目标迈进。秘书长是致力于“达到任务”的人，且需要完成具体的目标。

◇ **激励因素：**自主权，公开的表扬，特权，免除不必要的控制，让他们依照自己的意思设计、安排工作环境，给予他们思考的时间，让他们有采取行动的自由，认可他们的特殊技能和成就。

◇ **沮丧因素：**僵化的制度、来自上司或当权者的控制，没有效率的系统，缺乏效率的人。

◇ **达到目标的秘诀：**对你这种激励类型，稳定与一贯性非常重要；最好每天做一点可以达到目标的事情，而不是不断地做做停停。清楚定义出目标，并将目标的达成区分为不同的阶段，并设定每个阶段完成的时间。从一开始，就为不同阶段目标的完成，制定奖励方法，并且确定这些都是重要，且令人非常渴望的奖励。

4. PVE（斗士）：任务导向、偏好变化、物质奖赏

◇ **特质：**斗士喜欢挑战，热爱胜利的感觉，他们是迷人且热

忱的领导者。斗士善于说服他人，不介意自己是否成为目光焦点，也擅长在与人合作时，精进自己的想法。斗士做事通常很投入且极具个人魅力；他们在看起来难以解决的障碍中，依然能完成使命。事实上，障碍只会让斗士的任务显得更为有趣。斗士很快就能做好决定，对慢吞吞的人显得没有耐心。虽然有着良好的谈判技巧，但只要能让事情完成，斗士很乐于妥协。斗士天生具有能让人追随他们的本事。

◇ **激励因素：**具有挑战性的工作，能够作决定的权力，能得到金钱或物质利益，免于受到督导和过度的控制，有晋升的机会，工作有时间的限制，虽有风险但能达成的目标，受人欢迎。

◇ **沮丧因素：**严格的控制，无法掌控自己的时间和项目，冗长的分析过程，光是空谈却没有实质行动。

◇ **达到目标的秘诀：**你的激励类型喜欢忙碌，因此一定要在紧凑的时程表中，挪出一点时间采取行动，才能达到各种目标。这些时间不会自己神奇地出现，你必须挪出时段，把这些时间用于可达成目标的行动上。对你这种激励类型的人而言，竞争和对等的报酬，是重要的激励因素。你可以设计一个比赛，与想法相近、目标相同的人一起竞争，第一个达到目标的人即能获得奖励。设计有趣的工作流程，尽量花时间找到有趣的方法，也可以帮助你达到目标。

5. CSI（实干家）：关系导向、偏好稳定、精神奖赏

◇ **特质：**实干家很实际、值得依靠、忠诚；他们喜欢与人建立关系，并且注重细节。实干家是天生的督导者，致力于协助他人在其职位上达到卓越表现，并且会替弱者出头；由于工作态度严

谨，他们喜欢在行动前掌握足够的信息。实干家尊重权威和组织，关怀并留心相关人员与项目工作的进度，且善于执行，拥有强烈的工作伦理。对他们来说，清楚界定的工作目标非常重要，他们会小心翼翼地朝着目标前进。心理上的收获对实干家来说最为重要；他们需要对自己所做的事情感到满足，并且觉得自己的工作能为他人带来正面贡献。

◇ **激励因素：**事实和信息，同侪的尊敬，真诚的感激，私下的肯定，具体且正面的回馈，具启发性的工作环境，合作愉快的同事，清楚定义的目标，能有成就感以及思考和计划的时间。

◇ **沮丧因素：**天花乱坠和夸大，耽误个人和家庭相聚的时间，不公平的感觉，要求他们快速改变。

◇ **达到目标的秘诀：**你属于容易因目标过于庞大而受挫的激励类型。因此，一定要确定自己的目标合乎实际；请设定在合理时间内可以达到，且自己可以掌握的目标。对自己仁慈一点，不要期待事事完美，而要期望能有缓慢而稳定的进展。让他人参与，并将能够协助你达到目标的人、组织和资源列出来，努力争取这些资源。如果能有清楚的个人和团队目标，且与同样努力投入的伙伴共同打拼时，你最能有杰出表现。

6. CVI（外交官）：关系导向、偏好变化、精神奖赏

◇ **特质：**外交官很会关心别人，也很有创意；他们享受生命，珍惜关系。外交官很外向、友善，受大家喜爱；他们人脉很广，能够适度妥协以成就大局。外交官是团队的一分子，可以诱发他人最好的一面；他们温和且热诚，在关心他人和追求个人成长之间，可以取得平衡。外交官重视个人化，在解决问题的方法上很务

实，他们天生就能创造双赢的解决之道。外交官重视真正重要的事情，极力想要对社会有正面贡献；他们的个性融合了忠诚及爱好冒险，是风趣的朋友和忠实的伙伴。

◇ **激励因素：**对杰出的工作成果给予真诚的感谢，拥有个人成长的机会，有趣的工作伙伴，团队合作，崭新的经验，具有启发性的工作环境。

◇ **沮丧因素：**被人孤立，僵化的规范，有压力的工作期限，缺乏创造力，不被认同，人际冲突。

◇ **达到目标的秘诀：**你需要与人互动，所以让你达到目标最好的方法，就是与拥有共同目标的伙伴或团队合作；你可以寻找或创造一个支持自己的团体，以一路鼓舞你达成目标。“循序渐进”对你这类的激励类型来说是种挑战，你必须对自己的目标负责，每天完成一些项目，就算只是一小步，都可以促使你逐步接近目标。花点时间探索心灵深处的想法，问问自己，这个目标对你究竟有何重要性；将答案写下，并经常回顾。启发你这种类型的人，重点在于“原因”，而不是“方法”。

7. CSE（科学家）：关系导向、偏好稳定、物质奖赏

◇ **特质：**科学家是重视精确度的系统型思考者，他们不仅能看到大局，同时还能专注于细节。科学家谨慎而有纪律，很支持并尊重他人；他们注重个人生活，也相当务实。科学家通常以家庭为重，且非常忠诚，是非观念非常绝对；他们偏好“民主型”的领导模式，期待他人可以按照规则行事。科学家可靠勤奋，公平的酬劳和对他们工作表现的真诚感激，会让他们觉得受到重视。科学家对自己的决定非常小心谨慎，希望可以确保自己的选择，不会对他人

造成负面影响。

◇ **激励因素：**能有充足的事实及足够的时间让他们去分析，有能力的团队成员，上司的赞赏，特权，足够的自由，真诚的尊重。

◇ **沮丧因素：**高压的完成时限，意见如多头马车，快速的改变，耽误个人和家庭相聚的时间，不公平的感觉。

◇ **达到目标的秘诀：**这类激励类型，在有心灵导师的指导带领下，最能有所表现。请跟与你目标相同且有成功经验的人谈谈，找出他们的致胜方法，并请这些成功人士在你遭遇问题时，给予协助及建议。还没全盘了解之前，不要贸然进入太复杂庞大的任务中。仔细研究有什么好办法可以助你达到目标；一定有这些办法，请将它们找出来！每周定期存下一笔为数不少的钱，在自己准时达到目标后，用这笔钱好好犒赏自己。

8. CVE（探险家）：关系导向、偏好变化、物质奖赏

◇ **特质：**探险家生气蓬勃，做事凭直觉，非常热爱冒险；他们很有想法及见解，了解人的功力独到，是温和、体贴和周到的人。探险家在社交场合总能炒热气氛，而且能借由鼓励和欣赏他人，让人发挥最大的潜能；他们是具备创意的问题解决者，非常善于找出独特的解决办法。探险家促成合作，知道如何让大家共同配合；他们重视努力，但是希望工作可以有趣且有所回报。探险家喜欢能让他们有机会学习新技能、认识新朋友的工作。

◇ **激励因素：**有趣的人际关系，获得个人成长与晋升的机会，能以自己喜欢的方式处理事情的自由，尊荣感，优渥的薪水和奖金。

◇ **沮丧因素：**例行公事，缺乏效能的行政组织，受孤立，被人否定，缺乏创造力。

◇ **达到目标的秘诀：**共患难的伙伴关系，是这类激励类型的关键；他人的共同参与，有助于保持你对目标的热情。当有喜欢的人一起共事时，即使是最令人不悦的工作，也会变得有趣。你的激励类型需要有所选择；达到目标的方法绝对不止一种，尽量找出别人达到目标的方法，试试这些不同的方法。在过程中要懂得奖励自己，即使是小小成就也可以庆祝，而完成最终目标时，可奖励自己大肆欢庆一番。

进驻成就区的秘密

盖洛普调查显示，美国国内的劳动人口因缺乏激励，导致美国经济每年损失达3700亿美元。《华尔街日报》也曾报道，缺乏动力的员工通常较不快乐、较不健康，跟具有动力的员工相比，也比较无法集中精神在工作上，这导致他们的保健支出较高、生产力较低、缺席率高、职业伤害也相对更多。动力不足使员工在职场上无法进步，甚至拖累了公司的运营表现。

拥有动力与否也影响了我们的下一代；“动力危机”这个词汇，已经成为教育界常用的字眼。美国全国教育协会表示，一半以上的新进教师，在前5年之内就会离开教职，主因就是学生缺乏动力及学习兴趣。

有动力的人更健康、更富有

往好处看的话，有许多研究指出，接受激励可能是健康生活的最佳处方。受到激励的病人，在手术后恢复得比较快，复原情况更为良好，且和动力较低的病人相较，他们的保健支出减少了40%~75%。

受到激励，也是能让你获得更多报酬的重要因素。认为自己受到很大激励的人，平均较那些认为自己并未受到激励的人，每年多赚了44108美元。受到激励的人，个人满意度也比未受到激励的另一群人高出许多。

以上这些数据都显示，如果我们受到激励的程度提升，我们在财务、健康及情绪等各方面的生活质量，就会跟着改善。当人们受到激励，并完全发挥潜能时，他们就能出类拔萃——这对雇用他们的公司来说也是一样。受到激励的人成就感较高，也更有生产力，更能享受生活。在你找到自己的激励类型之后，无论在个人生活或是工作上，都将为你的成就带来更深远的正面影响。

吉姆花了17年才明白的道理

我的朋友吉姆·威尔森解开了自己的激励DNA密码之后，他的生活就此完全转型。他开始重新思考，自己原本循规蹈矩的角色，并且决定要有个重大的改变。在旅馆业工作了17年之后，吉姆离开这一行，转行成为佛罗里达沼泽地的汽船导游。吉姆放弃了原来的高薪，也放弃了福利、安定的生活和影响力，转而每天在沼泽湿地工作超过10小时。可是他从来没有像现在这么开心过。

虽然吉姆的高层管理工作所带来的福利，对其他激励类型的人来说，可是极佳的激励因子，但吉姆是CVI型（外交官），能够激励他的原因几乎和薪水及福利无关。最近吉姆带着我和家人坐了一次汽船，在我们快速经过风景优美的沼泽地时，我看到的是，一个显然非常享受这段时光的吉姆。之后吉姆带我们参观了他工作的野生动物保护区，让我们看看柏树、克拉莎草和红树林，他还指给我们看沼泽地原生的水鸟，以及小鳄鱼孵化的地方。

吉姆说：“我真希望你们昨天就来了，你们错过了一场好戏！有条8英尺长的鳄鱼想爬进我的船里！我们只好把它抓起来，移到公园的另一边去。”

吉姆指着他的同伴说：“我体重170磅，雷有210磅，但那大个儿简直快把我们翻过去了！幸好我们把大家伙的嘴巴绑起来了，不过那还真是不容易。”

我问吉姆：“这比旅馆管理好玩吗？”

吉姆说：“你在开玩笑吧？我恨透了那些喜欢中伤他人、耍心机的小人，以及管理工作的压力。至少在沼泽里，狩猎者是受到控制的。”

在我们讲话的时候，这位过往的专业经理人，正站在水深及膝的泥水里，满身是泥，开心地笑着像条张大嘴的鳄鱼。

吉姆说：“我爱死了这份工作！我喜欢来上班，而且从来不看手表。我早在几年前就应该离开旅馆业了。”

对吉姆来说，放弃之前的工作职称或安全感，并不是一种牺牲，因为这些都不是他想要追求的。可惜的是，他花了17年才明白这道理。

吉姆的例子告诉我们，当你解开自己的激励密码时，这将对你人生的成就和乐趣有极大的影响，无论是在人格上或是工作上，皆是如此。

富兰克林美化了自己的工作

我喜欢看到能够专精于自己工作的人，不管那是收银员、运动员、招牌油漆工，还是政治人物。无可否认，这些人都受到了激励——他们找到了如何进驻成就区的秘密。

最近我在达拉斯机场转机时，必须先搭上电动车，才能前往另一个航厦的登机门。这几年来，我已经坐过那种电动车好多次，但这次的经验特别令人难忘，因为我的司机富兰克林，是个世界级的好手。大部分的机场电动车司机，看起来通常都是无精打采，要不然就火气不小。他们大多会大声叫嚷："小心电动车！"可是你很明白，他们心里其实想的是："听到警示声在你们背后响起，就知道要闪开了啊，笨蛋！"但富兰克林可不是这样，他所到之处，人人充满了笑意。他轻松地开过走道，和大家打招呼、开开玩笑，而且会灵巧地避开行人。从他搬运行李时，迅速、有效率的工作态度，以及与乘客的良好互动来看，他已经完成了基本的任务，并且进一步地提升、美化了这项任务。看着他工作真是有趣极了。

虽然这听起来有点奇怪，但我就是这样的人：即使是让销售技巧高超的业务员把我给"卖了"，我也同样感觉开心。我训练销售人员和谈判技巧十多年了，所以我立刻可以判断，眼前的业务员是否够专业。每当业务员找上我、试图想着要帮我找出我的需求，并且展示产品的好处时，我就会忍不住故意刁难一下，然后看着这些高手一个一个跨越我设立的障碍，就像在游园会时把射击游戏的标靶击倒一样，我其实是窃喜的。

看着这些高手做成生意、希望满意的客户会向别人推荐，真是一幕赏心悦目的景象。

我提出这些例子，是希望你不只是测出了自己的激励DNA，还要能够学习如何运用自如，好让激励DNA成为你的核心能力。我希望你能不断练习我在接下来几章所列出的策略，直到这些策略成为你的第二本能为止。如果你能够做到这一点，将可以大幅提升你在生活和工作上每个层面的质量。

将一位普通水平的小提琴家和真正的大师相比，虽然两人同样都从事音乐工作，但音乐大师之所以能获得令人景仰的成就，差别就在于他确实受到了激励。你要如何娴熟运用激励DNA？答案在于，你是否在过程中投注精力。为了练习这些激励自己和他人的技巧，你所投入的精力愈多，获得的回报就愈多。

激励所有人的六项因子

我是个怀疑论者，对于任何理论，只有当我自己充分测试过后，才会真正相信。如果有任何新的管理理论或业务趋势出现，我会先研究一番，并做点实验，来证明这个理论是否真的有用。就以激励DNA来说，我可以用亲身经验向你保证，这确实有效。

我回想了一下自己以前的生活，知道我挣扎过或失败的地方，正是因为使用了错误的激励策略，那些策略和我的激励DNA是不合的。而我成功的地方，在于我使用的是和我的激励因子相符的策略，但我却不自觉。了解我自己的激励DNA，让我能够自在地强化优点，并且抵消弱点。激励DNA让我能够重新安排自己的生活，让自己和周遭的人更快乐，也更有效率。

我的激励DNA类型是PVI（改革家）。我有很强的任务导向，对于变化有非常高的需求，比较重视精神奖赏，而主要的激励因子就是变化。

在这里要提醒你，别太在意是否要熟记激励DNA的各种类型。你可能以为一定要记住这些类型，但其实不需要。让我告诉你为什么。不管你是像我一样的PVI（改革家），或是CSE（科学家），或是其他类型，唯一不变的是，每个人都会因为激励DNA中的六种因子而受到激励，只是程度不同而已。我们最需要注意的是，激励DNA的个别因子（任务导向、关系导向、偏好稳定、偏好变化、精神奖赏、物质奖赏），而不是这些激励因子的特定组合。

知道自己的类型会如何与其他激励类型互动，并不是最重要的事。重要的是，当你看到别人运用这些激励因子时，如何认出这六种要素。如此，你就会了解该如何调整自己的沟通行为和风格，以有效地激励他人。在接下来的章节中，我们将更深入探讨这六项因子，让你有更扎实的了解，并在他人身上找出激励因子的记号。

我在第一章中提过，在不同的环境下，我们的激励倾向可能会改变。在某一个环境中你是这个样子，但在另一个环境中，可能又是不同的模样。事实上，你可能在回答激励量表的问题时，就已经有了一些困难，因为你可能在一个环境中具有高度的任务驱动力，但在另一个环境中则是具备了几乎同等程度的关系驱动力。目前对你来说，分辨这些不同点并不是最重要的。我要你记住的是：在自我激励的时候，你的主要激励类型是关键；但在激励他人时，你自己的激励类型就无关紧要了。此时最重要的是别人的激励类型，你必须将自己的风格和他人的融合为一。

我要借由我生活中的几个例子，让你知道，应该如何使用激励DNA。接着我会教你三种强而有力的策略，利用这套系统达到你的目标、超越障碍，并且改善生活质量。

帮助你达成目标的三个诀窍

在我还是大学生时，我必须打几份工才能勉强度日。我当过餐厅服务生、诊所的柜台人员和超市收银员，毕业之后，我也在旅馆和银行业工作过。今天，我是一家大型教育机构的共同创办人和行政副总裁。过去30年里，我的责任不断在改变，但有件事从未变过：我从不喜欢公司的会议。

传统的想法认为，要动员一个团队必须开会、讨论各种选项、策略，以及分派工作等。我不争辩这一点，也同意这是必要的，但我发现，这个方法对我而言就是行不通。我喜爱和人相处，但我的关系驱动力不高，而且一想到要在会议室里讨论事情，我就完全失去了动力。具有关系驱动力的人，对于这些事前的筹划会议总拥有无限的热情，我很羡慕他们，但我就是受不了这些会议。当会议里的讨论变得嘈杂而且离题时，我就开始觉得沮丧。但因为会议是企业文化里的必要之举，于是我替自己发展出一个适合我的激励策略。

在我的公司里，我已经学会让拥有关系驱动力的人建立关系，让具有任务驱动力的人进行生产。直接向我报告的人主要都是任务导向型。当然我们会聚在一起讨论业务，但会议通常都很短，而且直接切入重点。另一方面，我刻意让拥有关系驱动力的人组成一个小组或团队。同是关系导向的人聚在一起时，一定会激发出更好的表现。我在和关系导向的人一起开会时，通常会一心多用：记笔记、提出问题、倾听、确认、回信、清理邮件。这样一来，关系导向的人很高兴有我参加会议，帮他们整理各种点子，然后作出决定，而我自己也会比较有耐心和他们开会。

我真心相信，人类拥有无比的学习及发展潜力，每一种技巧都可以经由学习而得。但我们也会受限于先天条件。例如新英格兰爱国者队，身高6.25英尺的明星四分卫汤姆·布雷迪（Tom Brady），是个非常有天分的运动员，他的手臂强而有力、视力很好、传球准确度令人惊叹，但他若是个驯马师，绝对无法像现在这么成功。我不是说他不能骑马，而是这并非他的强项。不过他跟我们一样，还是有能力做到许多不在他天赋范围内的事情。

1. 基因重组

我在下一章里，要更详细地告诉你如何激励他人。但现在要先介绍一个观念：基因重组。这是向其他激励类型学习其长处的能力，目的在于扩大自己的行为组合。基因重组让你可以改变自己的

图3-1 基因重组的运作方式

行为，让自己更能和他人融洽相处。基因重组让你可以向其他激励类型“借用”一些并不是你与生俱来的特质。

就遗传学来说，基因重组的意思是，将一个基因的DNA切除一部分，再将这一部分，与另一个个体的遗传物质结合，这有点像是把录像带剪辑再合成的过程。基因重组的目的，是要带进能改善原有基因的新特征或特性。同样地，我们可以将基因重组的概念应用在激励DNA上，为我们原有的人格性向带来新的特质。

让我告诉你一个行为基因重组的例子。关系导向的人会为了建立关系，而受到激励，因为他们喜欢和同事聚在一起。如果你和我一样属于任务导向的人，那么你对建立关系的动力可能比较低。但如果我们利用基因重组的概念，便可以扩大自己的包容性，让你能够与关系导向的人产生共鸣，并且共同成长。你可以学会要如何放慢脚步、与对方的眼神接触、倾听对方说话、关心他们的需要，并且对他们在意的事情表示兴趣。原本不在你激励类型里的行为，对你来说可能不太自然，但当你和不同激励类型的人互动时，可以“有意识”地采用这些模式。

同样地，关系导向的人，也可以利用基因重组的概念，来改善自己和任务导向的人之间的关系。例如，他们可以强化沟通和处理事务的速度。这其实就是，暂时借用或采用其他激励类型的态度和倾向。虽然要运用不在你激励类型里的行为，可能会让你感到不自在，而且需要刻意而为，但每个人都拥有能够在必要时，有意识地修正自己行为的能力。

还有另一个例子，任务导向的人一向都会想先知道底线在哪里，而且只有在他们了解底线在哪里之后，才会有耐心听你继续讲解其他细节。这并不是说，任务导向的人不注重细节，而是他们比较在意最后的结果。任务导向的人，想要看到的就像是下面这个方程式：

100=50+50

关系导向的人，则拥有另外一套逻辑。对关系导向的人来说，把这个方程式描述为100=50+50可能太直截了当。关系导向的人想要知道的是，你怎样发现这个问题、有谁参与了问题的解决过程、你采取了哪些基本步骤、中间经历过哪些困难。然而，这种沟通方式会让任务导向的人无法忍受。如果你是关系导向的人，在和任务导向的人合作时，就必须要加速这个沟通流程，并将其简化。如果你是个任务导向的人，必须做的事就刚好相反：你要放慢脚步、多制造一些寒暄应酬的机会、加强描述细节，让关系导向的人感受到你的情绪。

在我无法激励我的小孩或员工时，我会问自己："我要如何运用这个人的激励DNA来解决这个问题？"然后我就会采用或重组不同激励类型的特性，让我能够激励这些人。

2. 善用你的激励因子

几年前，我曾经因为运动伤害，一年多无法工作。当时因为无法运动，我每个月都会增重1磅。这听起来不多，但我身高5.41英尺，每增加1磅体重，看起来就像多了2磅。一等到医生点头，我马上开始运动，但是之前增加的15磅，一点都没有要离开我的意思。我一直很注意自己的体重，但这次实在很困难。运动、节食、抱怨自己倒霉，不管我做什么，体重计的指针仍然纹丝不动。花了几个月的时间减肥，努力却没有任何成果，这让我相当沮丧。一段时间以后，我不得不承认一件事：我没有真正的减肥动力。我不喜欢过重，但没有非减不可的决心。最后我问自己：我可以用激励DNA解决这个问题吗？

为了回答这个问题，我进行了一个两步骤的实验。第一，我把我的主要激励因子列在一张纸上；第二，我设计了一个符合我激励因子的行动计划。这个步骤不用花什么时间，以下就是这个过程的运作方式：

我写下："我是个任务导向的人。"然后，我思考激励任务导向型的因素是什么。

任务导向的人喜欢胜利，不喜欢失败。我很清楚激励我的因素是竞争。心想，有没有网络减重比赛这种东西呢？我连上搜寻引擎，输入"减重比赛"这几个字，马上找到一个举办减重比赛的网站，我就参加了。

接着我写下："我需要变化。"然后我就开始思考，激励偏好变化的人，背后的因素是什么。

偏好变化的人，对于重复性是完全没有动力的。偏好稳定的人若进行节食，通常可以做得很好，因为节食提供了他们需要的秩序感；但节食却对我不管用，因为这需要遵守很多没有弹性的规则。我决定开始计算卡路里，让我能够吃自己想吃的食物。巧克力、吉士、意大利面，什么都可以吃。同样地，我上网寻找协助，于是又让我找到了另一个网站，可以追踪我每日卡路里的摄取量，还可以计算运动时消耗了多少卡路里。我可以每天减少300卡路里的摄取量，相当于少吃半个三明治，或是每天运动，多燃烧300卡路里。关键就是让我有变化、有选择、享有自由。

最后，我写下我的奖赏系统："我是个重视精神奖赏的人。"然后开始想，有哪些原因可以激励一个喜欢精神奖赏的人减重。

物质奖赏型的人喜欢受到称赞，或是很开心能得到新衣服。但对精神奖赏型的人来说，这些因素都不具有高度激励性。我决定列出一张能让我维持动力的奖赏表，其中包括了体能会变好、思绪更清晰、纾解压力、增加抵抗力及身体的弹性，并提升健康状况和幸福感。对我来说，这些都是很强的激励因子，特别是在我的体能渐渐赶上我的孩子和先生之后，更是如此。

专注就是一股力量

以上这个准备过程，花不到15分钟。我只不过是善用了自己的每一个激励因子，并为我的激励类型打造完美的诱因。那么，结果又是如何？我在3个月之内瘦了15磅，相当于我原本体重的1/10，也赢得比赛的第一名。事实上，由于成效良好，于是我又参加了另一项比赛。3个月之后，我又减了10磅，而且又得到了第一名！

你心里可能想：说得很简单。让我告诉你实话，就是这么容易！最佳解决方式的效用，通常不会因为情况杂乱或复杂而抵消。我碰到的唯一难题，就是我没有善加利用激励DNA，因此浪费了一些时间，也导致减重失败。那真是糟透了，完全让人提不起劲。但在我开始利用激励DNA之后，我的减重过程变得非常容易，甚至很有趣！是的，激励DNA真的有效！这套系统美妙的地方在于，任何使用这套系统的人都可以成功，激励DNA也会在你身上发生作用。

3. 努力实践

你如果继续往下看，我会接着告诉你更多的技巧和概念，让你更加了解自己的激励DNA。但其实你现在就可以开始使用激励DNA，以下就是如何开始的步骤：选择你最具挑战性的短期目标（可以在90天内合理完成的目标），例如减重、争取升职或重新装潢房子。把目标写下，你可以写在本书后面的附录A“你的短期挑战计划”上，或在计算机上建立一个空白文件，或Excel文件来记录。

接下来，针对你的三个主要激励因子，回答以下的问题，答案愈详细愈好。这些题目也都已经列在附录A里了。

下列题目，旨在帮助你拟出自己的挑战计划。请填下你会遇到的困难、可以帮助你的人或机构、持续专注的方法、让过程更有趣的方法、筹备的计划，以及增强意志力的方法。在你回答这些问题之后，你将拥有十几个策略和新点子，来帮助你完成目标，而且也会有一个行动表，可以帮助你实现计划。我相信你会乐于回答这些问题，因为他们都是针对你独特的激励特质而设计的。

任务导向型

◇我如何把这个目标转换成一项竞赛?

◇为了达成目标，我会经历什么障碍和干扰?

◇我如何克服这些障碍?

◇哪些人、团体和机构可以帮助我完成重任?

关系导向型

◇我可以和什么机构建立关系，以帮助我完成目标?

◇谁成功达到了同样（或类似）的目标，而且可以帮助我定出策略，克服我可能会遇到的困难?

◇我可以加入什么团体，以获得支持和激发我的动力?

◇谁可以激励我保持行动力，并且维持我的责任感?

偏好稳定型

◇我可以利用哪些现有的系统和架构，来帮助我达到目标?

◇我现在可以做些什么研究，好让我设计出一个获取成功的方法?

◇我如何减少干扰，让自己可以把注意力集中在日常工作上，并且能够朝目标前进?

◇达到目标之后，如何让我的生活更为均衡且稳定?

偏好变化型

◇我如何增加工作的乐趣，同时朝着目标努力?

◇有哪些最有创造力、最有趣的方式，可以助我达成目标?

◇如果第一项计划不成功，我如何继续第二项、第三项……计划?

◇我要如何提高达成目标过程中的乐趣，或是能增加何种变化，好让自己不觉得无聊?

精神奖赏型

◇这个目标为什么对我有意义?

◇这个目标对其他人有什么正面影响?

◇当情况变糟，或是进步速度变慢时，什么原因可以让我持续下去?

◇有什么内部资源是我可以运用的，让我可以每天朝着目标前进?

物质奖赏型

◇达到目标后，我会有什么收获?

◇在达到目标的过程中，我可以建立什么样的阶段性奖赏?

◇达到这个目标，将如何激发我取得更大的成功?

◇达到目标时，我要如何好好奖励自己?

如果你是真的想要达到目标，那就等你回答完上述问题之后，再翻到下一章。不要只是看着这些问题，然后在心里想答案，请务必花点时间思考一下，再详细把答案写下来。

我们大多数的人除非受到激励，否则不会想要尝试接受挑战。但这就是重点：我们通常不知道如何创造出我们需要的动力。相反地，我们都是等到被激励了才会开始行动。问题就在于，我们被激励的机会，简直就跟被雷击中的概率一样低。在平常生活里，这很少发生。为什么在我们其实可以激励自己的时候，反而要被动地等待？等待被激励，就好像晚上坐等黎明出现，但其实你早就可以打开电灯。利用激励DNA，因而产生动力和受到激励，就像开灯一样容易。你要做的，只是善加利用而已。

危急情况也能利用激励DNA

五年前，我和最要好的朋友琳西去度假。这是个让我永生难忘的假期。我们决定要远离日常生活的压力，愈远愈好，因此选了一个在加勒比海的热带小岛。我和琳西迫不及待要逃离工作压力和家庭责任，好好享受专属于女性的假期。我们去的小岛简直就是个梦幻之岛、加勒比海的天堂，天气好得就像明信片上的图片那样怡人，风景更是优美。我们租了一栋漂亮的海滩屋，第一个晚上就待在游泳池边。那一天我俩说说笑笑，聊到很晚，直到过了午夜，最后一阵困意袭来。

“美女，我累了，我得上床了，明早见啰！”

就在我起身正要回自己的房间时，隐约听到了脚步声和有人低声谈话的声音。心想，我一定是在幻想。突然间，两个戴着滑雪面罩的男人冲进房里，其中一人抓住我，另一人制伏了我的朋友；拿着枪的人一边骂着脏话，一边命令我们。我不知道他们的目的是什么，也来不及反应。

歹徒说：“你们的老公呢？黄金藏在哪儿？房间里还有谁？快点把黄金拿出来！”

我一边看着琳西在我眼前崩溃，一边试着赶紧想办法。琳西不停尖叫、大吼，双手凭空一阵乱挥。其中一人掐住她的脖子，用枪抵住她的太阳穴。他大叫：“闭嘴！不然我就开枪！我会把你们都杀掉！”

我伸出手，抓住琳西的手臂，跟她说：“冷静点，没事的，我们会没事的！”她总算不再慌乱。

我转向抓住我的那个歹徒，直视着他的眼睛。我还记得自己当时想着：“他也是别人的小孩啊！”听来奇怪，当时我心里并不是害怕，而是同情这些威胁我们生命、头脑却不清楚的年轻人。

我说：“你们是这里的老大了，这里只有我们，我们的先生都不在这个岛上。请不要伤害我们，我们什么都可以给你。”

歹徒回说：“我们要金子！在哪儿？”

我告诉歹徒：“我不知道是谁告诉你我们有金子，这个信息是错的。我们可以给你现金，还有手机和电脑，但没有别的了。”

歹徒在我的耳边咆哮着：“快点把现金拿出来！电脑在哪里？”

突然间，我胆子大了起来，可能还有点生气。我说：“听好！我们之所以帮助你们，是因为我们是基督徒。贵重物品你们都可以拿走，但这是因为我们想要祝福你们。你们没有抢走任何东西，是我们送给你们的。你们还是这房子里的客人，我不准你们用那些粗鲁字眼，我不想再听到任何脏话，请放尊重一点。”

抓着我的歹徒开始发抖，我的手臂和脖子传来一阵抖动。他向同伙说：“走吧！我们走吧！”

琳西的皮包就放在攻击她的人旁边的椅子上。

“琳西，把你的钱包给他。”抓着她的那个人松开了手。琳西把钱拿给他时，还微笑着说道：“上帝保佑你。”

我们把现金、电脑、手机和首饰都给了他们，这两人再也没有在我们面前说过一句脏话。最后他们终于离开，整个过程大概是30分钟，幸好我们没有受到任何伤害。后来听说，这两人在两天前闯进一名女性家中，并且强暴了她。3个星期后，其中一名抢匪在闯入民宅时，被屋主射伤，双双被逮捕。

我告诉你这件事是因为，之后让我从这次事件中复元的关键，便是激励DNA。我是个任务导向的人，倾向于自己解决问题，而非向别人寻求协助。简单来说，我的危机协调机制就是“向前迈进”——忘记它、生命苦短、向前迈进。是的，我受到的精神创伤非常严重，但肢体没有受伤，我只想要继续过我的生活。我整理好行李，回到家，打算跟平常一样继续工作。

但在这次犯罪事件之后，我那“向前迈进”的想法就不管用了。我因为被限制了行动，受到很深的精神创伤，且被迫面对的是，失去朋友或自己生命的可能性。接下来的8个月里，如果有陌生人突然靠近，我就会变得神经质、容易受到惊吓。有好几次，如果有人要问我问题，但我答不上来时，我就会觉得呼吸困难，晚上也睡不好。

我的朋友拉森博士是位咨询专家，他告诉我这些都是正常现象。他说：“这跟一个人发生车祸，且在鬼门关前走一遭的情形很像，会带来很深的影响。发生过车祸的人在之后两年间，开车时常不管看见什么东西，都会踩刹车。”他说：“你的经历是受到伤害后，相当常见的反应。”虽然知道自己的反应算是正常，让我放下了心中的一块大石，但我想做的只有“向前迈进”。可惜的是，我的任务导向策略在这种情况下，发挥不了作用。尽管我很想忘掉这件事，却还是常常感到恐惧和紧张。

我从激励DNA中学习到的知识，让我明白了，必须改变我的游戏规则。在发生挟持事件之后，我只让几个朋友知道这件事，我不想让别人觉得我很脆弱，也不要别人同情我，我只想继续过原来的生活。但就某种程度而言，这个事件已经让我内心受到很大的伤害。我当时并不了解的是，保持沉默反而让我无法前进。我需要从心理、生理和情绪层面上，剖析自己发生了什么事。

我是个独立的任务导向型，偏好自行处理问题，并且自己断定创伤后的压力。但其实我的能力并不够。几个月之后我才了解，我的任务导向策略对我并没有帮助，我必须结合基因重组的概念，再加上关系导向的策略，才能开始治疗我自己。在一星期之内，我联络了30多位我认为可以帮助我的人，效果非常惊人。从这时候起，我开始快速地从创伤中恢复。

若是在几年前，我绝对没办法把这些事情写下来。任务导向的人不喜欢展现脆弱的一面，他们不喜欢曝光、被认为过分情绪化，或是产生任何会妨碍产能的情感。任务导向的人不喜欢听到别人抱怨，当然也不喜欢抱怨自己的问题。任务导向的人宁愿处理问题，而不是谈论问题。在我和你讨论这件事的时候，其实是在强迫我自己。虽然这还是让我有点不舒服，但我必须承认，随着我刻意采用关系导向的策略来扩大人际关系时，自己也获得了成长。我学会了放下防卫，接受别人的协助。这就是激励DNA让生命力更为强韧的优势，它可以帮助你成长。

换你了！

你要如何用激励DNA自我激励？只要几分钟的时间，我们将采用三个步骤来助你达成目标：

1. 想一个现在必须面对的难题，首先必须按照你的激励DNA，设定一个解决方式。

2. 检测这些解决方式，抛弃那些不适用的，必须使用合适的策略，你才能发挥自己最大的能力。

3. 如果你使用了激励DNA，却没办法收到成效，此时就必须通过基因重组的概念，向其他激励类型借用一些新的特质。

行为较有弹性的人，通常六种激励因子的分数都会比较高。例如，如果你是个高度任务导向的人，而你的关系趋动力也一样高，那么你会比两者之中只有一项得分高，但另一项分数较低的人，更能适应具有挑战性的环境。在同一类型的激励因子中，两者如果都是你的强项，你就更能使用双重的成功策略，来达到自己想要的结果。例如，你可以决定使用稳定策略或变化策略，来处理一个问题，也可以同时使用这两种策略。基因重组让你可以享用两种好处，并借用其他激励类型的特质，即使这些特质并非你与生俱有的也无所谓。刚开始时，你必须刻意这么做，但随着经验增加，就会愈来愈容易了。

如何有效激励他人

向来我以为自己是个擅长判断别人个性的人，可以像超人看穿铜墙铁壁后，还能分析物质的化学成分一样，看穿别人，并评估这些人的基本特质。但是当我碰到招聘员工的难题时，我自认为拥有超能力的幻觉就破灭了。我发现，自己其实是个非常糟糕的评审。

我请来的活泼开朗的前台，原来是个世界级的八卦王。在我发现她的秘密身份之前，她所造成的伤害，简直就像加州的野火烧过一样，千疮百孔。

我原来以为，我带进来的中层管理是个有自信、有能力的人，结果他才开始工作一个星期，就变成了斯大林似的监狱守卫，不断挑拨离间、激怒并且辱骂下属，造成了一场大规模的反抗。

那我雇用的积极、专业销售人员呢？他的生产力大概就跟刚发芽的马铃薯一样嫩吧。真希望我那时就懂得激励DNA了！

动力就等于获利

在商业活动中，动力并不是模糊抽象、难以界定的概念。动力就是金钱，意思等同于获利，也就是最终的结果。

让我告诉你几件事，来证明我说的话没错。美国有家大型零售连锁店，进行了一项员工调查，以了解动力对销售额的影响。员工受到激励的程度排名前25%的店面，相较于排名最后25%的店面，销售业绩相差达1.4亿美元。排名领先的店面，每年也比排名殿后的店面，多留用1000名以上的员工。我要说的是：受到激励的员工离职率较低，且获利率较高。

另一项研究，调查对象则是一家会计事务所，他们在针对其中170位具有高度潜力的中层管理设立了管理发展中心之后，大幅改善了这群中层管理的动力、表现、态度、流动率和工作满意度。相较于所有管理阶层12%的离职率，这些主管的年度离职率只有7%。没错，受到激励非常重要，而且会连带影响公司整体的获利能力。

许多研究显示，美国一半以上的劳动人口缺乏动力。

◎73%的员工说，他们现在比以前还要缺乏动力。

◎69%的业务主管认为，员工缺乏动力是他们在公司里最大的挑战。

◎84%的员工说，他们在有动力的时候，表现会大幅增进。

◎50%的员工说，他们对工作只投注必要的心力，只要能保住工作就好。

一个由盖洛普针对美国职场员工所进行的调查显示，大约有2060万名员工（占美国劳动人口的15%），对工作缺乏热情，根本毫无兴趣。缺乏动力的员工，最大的问题是缺乏生产力、心不在焉、常常生病，以及其他诸如此类的问题。没有热情的员工，生产力明显较差、对公司较没有忠诚度、常觉得工作压力较大，若和对工作较有热情的员工相比，他们对工作也比较没有安全感。另一项盖洛普调查则提出，缺乏动力的员工一年请假的天数，比其他员工多了3.5天，换算为整体劳动力来说，则是8650万天。

这些研究说明了，在职场上受到激励有多重要；员工的动力多寡，可以决定你业务的成败。

聘用有动力的人，激励被聘用的人

在公司里，我还是决定重要职位人选的人，但现在我已经拥有一项策略优势，因为我对激励量表做过了研究，了解如何评估该职位和前来应征的人。当公司里有重要职务出缺时，我会先为这个职位做出量表，列出这个职位不能缺少的特质，然后再把“理想候选人”所必须具备的行为、技巧与经验分类。我理想中的员工，需要什么样的品格和能力？我把这些特质写下来。这个做法可以告诉我，这项职位最合适的人选是属于哪种激励类型。

例如，如果我聘用的是个人助理，我会找的是PSI型（任务导向、偏好稳定、精神奖赏）。假设有两名应征者都拥有相同的技巧和经验，但一个是PSI型，而另一个则是PVE型（关系导向、偏好变化、物质奖赏）时，我会聘用PSI型。为什么？我自己是个任务导向的人，我知道，如果助理可以配合我的速度和做事风格，我工作起来会比较顺畅；此外，我明白这个助理的工作，不需要和别人有很多的互动，如果我雇用了一个关系导向的人，这个人一定会因为这份工作太过沉闷而不满意。我要的是偏好稳定的人，因为在没有人监督时也会做得很好，又能够在找出解决方法之前继续专注在工作上，而偏好变化的人需要的，却是在工作里多一些变化。最后，我需要的是重视精神奖赏的人，因为我需要的助理，是在有美好愿景时就会生气蓬勃，因为我自己很少是基于钱的因素而去做一件事。我善于创造愿景，而我需要的助理，正是要为奉献而活的类型。

聘雇员工只是你在职场中，应用激励DNA的许多方式之一。事实上，正是因为职场上缺乏运用动力的适当方法，因此才会促使我想要努力寻找。销售、管理、财务、客户服务、人力资源、信息科学等，各种行业都有一个系统或专业技术，能让工作更容易进行；这些领域也都有一些程序，可以改善绩效表现，却没有一套按部就班的系统，可以协助大家提升动力。现在有了。激励DNA填补了这个空白，可以协助你在管理、营销、训练、开发、行政，以及其他很多层面的工作。

四种常见的激励模式

在我们更进一步检视，如何在别人身上使用激励DNA之前，如果能够把这个方法，和其他激励理论及剖析工具加以比较，将会产生很有价值的结果。

人类的动力是个受到广泛探讨的主题，也已经出现许多对大家很有帮助的想法；教育及社会心理学家建构了许多观念，例如动力减退、情感诉求、认知失调，以及需求理论等。我选择其中四种较为普遍的模式来讨论。

1. 马斯洛的需求层次理论

1943年，行为心理学家亚伯拉罕·马斯洛（Abraham Maslow）发表了激励理论的论文。此后，马斯洛的需求层次理论便成为广为人知，也被普遍接受的理论。在当时，这项理论是项创举，现代的激励理论如果没有加入马斯洛的需求层次理论，就不算完整。马斯洛认为，人在满足了基本需求之后，会寻求更高层次的需求，并且按照金字塔的层级，由下往上爬升，其中共分为五个层面。

第一层：生理需求

马斯洛的需求层次理论中，最低层次为生理需求，例如空气、食物、水、睡眠、住家。马斯洛认为，只有在这些需求获得满足之后，人才会前进到下一个层次：安全。

第二层：安全需求

这一层包含了安全、健康和福利需求。

第三层：爱/归属

在生理和安全需求获得满足之后，马斯洛认为，人接下来会想要满足他对爱或归属感的需求。在这个层次里，人会追寻友谊、亲密的两性关系，以及互相扶持的家庭关系。

第四层：尊重

在需求层次理论中，更往上一层便是尊重。这代表一个人对于被接受、受到尊重和认可的需求。

第五层：自我实现

马斯洛将金字塔的最高层次需求称为“自我实现”，这个词汇是借自他的恩师寇特·高德斯坦（Kurt Goldstein）的学说；简言之，自我实现就是发挥个人最佳的潜力。马斯洛认为，一个人必须在较低层次的需求获得满足之后，才能再往上到下一个层次。而且无论是在何时，要是较低层次的需求中有任何一个没有获得满足，这个人就会再退回那个较低层次的需求。

2. 麦葛瑞格的X理论和Y理论

在20世纪60年代，社会心理学家道格拉斯·麦葛瑞格（Douglas McGregor），发展出被称为“X理论”和“Y理论”的激励理论。麦葛瑞格对于要如何激励员工，提出两种思想学说。

“X理论”对于员工采取悲观看法，认为人类的天性是懒散、缺乏野心、逃避责任，工作往往是出于不得已。信奉X理论的主管们认为，推动员工力求表现是他们的责任；这些主管以处罚作为威胁的手段，因而发展出了权威式的管理风格。

“Y理论”则认为，如果给予适合的条件，员工就有可能受到激励而工作。Y理论的假设是，多数人希望把工作做好，并且希望能承担更大的责任，但他们需要有诱因。总而言之，这是个威胁加利诱的理论。

3. 麦克兰德的三需求理论

大约在麦葛瑞格发展X理论和Y理论的同时，哈佛心理学家戴维·麦克兰德（David McClelland）也正在研究，他后来称为“三需求”的理论。麦克兰德假设，员工因为三种需求而受到激励：亲和力、成就和权力。

麦克兰德坚称，拥有高度亲和力的主管通常受人喜爱，但难以领导别人，因为他们不想冒犯或激怒任何人。需要高度成就感的主管，则将他们自己和职位晋升，置于组织的目标之上。

麦克兰德将权力倾向较明显的主管分成两种：一种是追寻个人的权力，一种是追寻组织的权力。他认为两者都是好的领导人，但追寻个人权力的主管，可以激发他人效忠于他，而追寻组织权力的主管，则是对组织效忠。

4. 赫茨伯格的激励保健理论

20世纪60年代是激励派学者的兴盛年代。1968年，行为心理学家弗雷德里克·赫茨伯格（Frederick Herzberg）提出“激励保健理论”。这个理论将激励因素分为两类，也就是外在与内在因素。内在因素与个人有关，例如责任感、升迁与成长。外在因素（保健因素），则与工作环境相关，例如薪水、上司的监督与公司政策。赫茨伯格认为，内在因素是比外在因素更为强大的激励因子。

这些观念都各有优点，也都带来有用的信息。当然，没有一种理论是从未受到质疑的。我猜想，我的激励DNA理论，可能也会引起热烈的讨论。

向来，从未有过一种激励理论的假设能被全盘接受，虽然学者们都希望自己的结论会是无可争辩的事实，但理论终究还是理论。我的团队和我自己都相信，我们的结论是正确的，而且能经得起检验。我的目标很简单，就是要将一个有价值的、已证实为可以激励个人，并提升团队生产力的系统介绍给大家。

人人都容易了解的激励DNA

在我的咨询过程中，我使用了许多评估工具来帮助客户，而你可能也已经很熟悉，市场上一些主要的测试方法。例如“DISC量表”，这种评估方法将行为风格分为四大类：主宰（Dominance）、影响（Influence）、稳定（Steadiness）、良心（Conscientiousness）；DISC将这四大项结合后，再分为15个小项。而另一种“九型人格”（Enneagram）则有9种基本分类；MBTI（Myers-Briggs Type Indicator）性格测试，则将人分为16类。其他的分类系统，则利用32种或更多的分类，再加上更多的小分类。虽然每个系统都来自不同的理论基础，但在许多方面来说，这些系统的差异都不大；事实上，这些类型也经常在同一个场合里被拿出来比较。

这些工具都有其价值，我的建议是，为了你自己好，你应该每一种都尝试看看。不过我也发现，这其中有一个最主要的缺点，那就是你必须是专业人员，才能成功地将这些工具应用在别人身上。这些测验或许可以为接受测试的人带来很有帮助的见解，但其种类众多、结果繁复，又充满了恼人的专有名词，一般人无法将这些工具应用在别人身上。

举例来说，许多人无法记住DISC量表中的“稳定”和“良心”之间的不同点是什么；MBTI模式就更麻烦了，你必须找出“感觉”、“感到”、“感受”这些字眼间微妙的不同。这些工具并不容易使用，且包含了太多不必要的细节。

相对地，我下定决心要让激励DNA成为容易了解和使用的工具，让人人都可以马上应用。和九型人格不同的是，激励DNA不需要“画一个圆，接着在圆周上标示出9个等距离的点。将每个点从1到9编号，9号在最上端，两边必须对称。而且一般来说……”

激励DNA很容易掌握，马上可以上手，而且使用方式简单。激励因子的名称都很简单明了，比我用过的任何量表工具都还容易理解。它不是只剖析使用者的行为或人格；它强调的是，那些能够激励、启发并且动员人们做出有意义行动的独特激励组合。

现在，让我告诉你激励DNA“不”是什么：

激励DNA不是特效药。它不会让你变得更高、更强壮或更聪明，你不一定会因为使用了我建议的这些技巧，因此就成为世界体育冠军或是《财富》杂志排名前500的大企业的CEO。但激励DNA可以激励你完成最想做的事，激励你达成困难的目标并且提升效率，激励DNA可以让你获得力量。

激励DNA不适用于有成见或眼界狭小的人。激励DNA的基础完全建构于个人的特质之上，它着重的是我们个人的独特性，旨在帮你找出自己的激励因子，并且让你加速达到目标。激励DNA不会告诉你，“你是这种人，而且你永远都会是这种人”，而是会告诉你，“这是激励你最好的方式，而且让你可以更进一步”。

激励DNA不是全自动的系统。为了要让这系统产生效益，你必须确实使用；没有执行的计划等于只是空谈。光是了解激励DNA的原则是不够的，你必须实际应用，才能收到成效。

择你所爱，爱你所选

在人生的过程中，我们都曾受到别人的启发，或许那是你儿时的运动教练、一个很会鼓励人的朋友，或是位很好的长官。我六年级时，曾经碰到一位特别有活力的老师，他在课堂中把二次世界大战的经过，表演给我们看，他使用了道具和声音特效，并站上自己的桌子，在教室里丢纸球、射水枪。他演活了历史，让我们既开心又学到了知识；他利用了会吸引年轻人注意的方式，来激励我们学习。还有一位老师同样激励了我们，但她使用的方法完全不同。她不是个活力四射型的人；相反地，她讲话声音轻柔，但课程规划非常有系统又具有创意，反而让我们都很期待上她的课。她利用各种活动、插图、游戏和惊喜，让学习变成像是趟冒险之旅。

要激励别人是否有诀窍？有的。你可能已经注意到了，从我刚刚提到的老师里面，他们都是跟我契合的激励类型——特别是我对于变化的需求。激励人和团队的关键因素，就在于找出这些人喜爱和擅长的事物，这些就是可以让人获得动力的重要信息。

我喜欢音乐，虽然也算是会唱歌和弹吉他，但没有人会把我当成是有天分的音乐家，因为我在这方面并没有特别擅长，也因此没有勤加练习的动力。事实上，我已经一年没有摸过我的吉他了。喜欢一个自己不擅长的活动，并不足以长期维持你的动力。

为了获得激励并且维持动力，我们必须喜爱这项活动，而且能够有很好的表现。图4–1让你能够看清楚这个事实。

你可以根据图4–1列出的前提，来测量自己对任何事项或活动的热爱程度。例如，虽然我不喜欢和陌生人在派对里交谈，但很凑巧的，我非常擅长这件事。人们以为我很擅长交际应酬，所以就一定很喜欢这样，但我只是因为天生具有这项能力，并不能激励我去利用这个能力，我还是宁愿不要在社交场合结识他人以及和人交谈，因为我不喜欢这样。

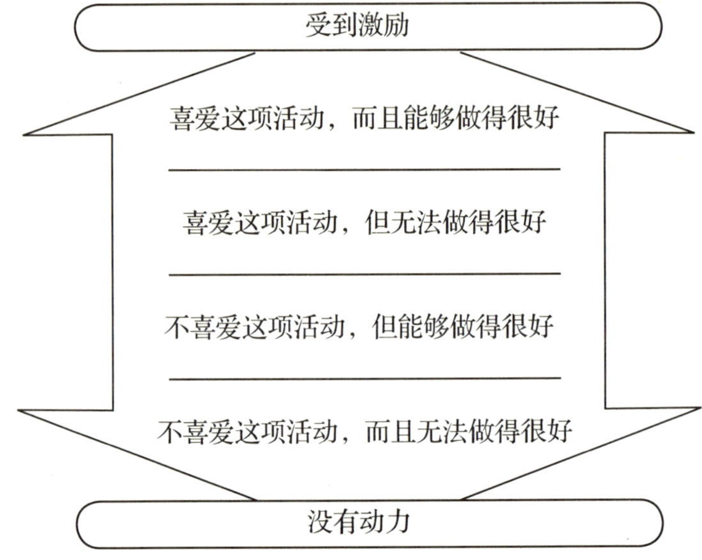

图4–1　能否受到激励的不同程度

三种方法找出他人激励类型

那么，你怎么确定身边的人的激励类型呢？是否有简单又准确的方式，来评估他人偏好的激励方式呢？有，其实有三种方法。

被动观察。如果你不十分了解这个人，或不想问他们问题，那就找找看是否有关于他们激励类型的线索。

◎如果他们说话速度快、老是匆匆忙忙、想要主导场面、以目标及任务为重、乐于领导他人或掌控情况，那么你可以将他们归类为“任务导向”。

◎如果他们态度和善、速度平和、愿意花时间说话、容易动感情、看来忠诚、稳定且可信赖，那么你可以将他们归类为“关系导向”。

◎如果他们很在意秩序、时间表、架构或规则，又很专心一意、勤奋、安静且严肃，那么你可以将他们归类为“偏好稳定”。

◎如果他们有活力、有表现欲、干劲十足、乐于享受生活、不受成见的局限、富有创意、注意力不持久，那么你可以将他们归类为“偏好变化”。

◎如果他们希望找到生命的意义、关心哲学思想、关心自己所作的决定将对组织或世界有何正面影响、坚持自己的价值观，那么你可以将他们归类为重视“精神奖赏”。

◎如果他们重视薪水、升迁、社会的认可、爬上公司高位、具有影响力或主导权，那么你可以将他们归类为重视“物质奖赏”。

友善地询问。提出不具威胁性的问题，找出激励人们的原因为何。以下就是可以帮助你找出他人激励DNA的问题:

◎你喜欢做些什么事情?

◎你擅长什么样的活动?

◎你比较喜欢有组织的计划，还是即兴的活动?

◎你喜欢独自完成任务，还是和他人一起完成?

◎你是竞争型的人，还是合作型的人?

◎什么原因会让你觉得工作受到重视?

◎工作做得好的时候，你希望获得怎样的奖励?

请记住，这应该像是在和别人谈话聊天，而不是在讯问别人。

积极说明。和身旁的人讨论本书的激励DNA，大多数的人会被这个概念所吸引，而急于想找出自己的DNA类型。我很欢迎你的朋友和同事到www.GetMotivatedBook.com，进行免费的激励DNA测试；你也可以邀请他们和你分享测验结果。如果你的朋友和同事在测验结束时，输入你的电子邮件账号，他们的测试结果就会寄送到你的信箱里。

如何激励他人

请记住，激励和操控只有一线之隔；激励DNA的目的永远都是激励他人，而非控制他人。激励DNA让你可以用本来就适合他们的方式，正面地激励别人，因为这个方式尊重每个个体。要激励他人，首先必须找出每个人独特的成就密码（也就是他们的激励DNA），然后使用兼容的激励因子，来鼓励他们开始行动。

许多人的激励类型或许与你的大不相同；你以前认为，要和这些人打交道是个很大的挑战。究竟该如何激励和你有着完全不同激励DNA的人？明白自己的员工、儿子、女儿或上司和自己的激励DNA不同是一回事，实际执行时又是一回事。例如我儿子柴克，他的激励DNA和我的非常不同，我该怎么处理呢？

我先前提过，如果是要自我激励，重要的是要了解你自己的激励类型，但当你要激励别人时，你自己的类型就不重要了。要激励别人时，重要的是别人的激励类型；你必须根据他人的类型，修正自己和别人的互动模式，如此才能获得最好的结果。例如柴克偏好稳定，而我则偏好变化；当我要激励柴克时，我通常必须进入偏好稳定的模式。我必须把自己当成是个偏好稳定的人，才能跟他沟通和互动（以下我会介绍一个称为“行为复制”的有用技巧，可以帮助你做到这一点）。

先前我提醒过，你不需要执著于记住各种DNA组合，而是要注意共通的激励因子，也就是任务导向、关系导向、偏好稳定、偏好变化、精神奖赏、物质奖赏。以下便说明了原因：虽然我儿子是偏好稳定型，但在某些情况下，他的激励类型仍然会转变为偏好变化，这时我和柴克的沟通方式也就必须改变。如果他处于偏好变化的模式时，我还是用偏好稳定的模式来和他沟通，那他就会马上关机；为了激发他的动力，我必须修正自己的行为，以重新建立与他的联结。

我们每个人都有个主要的激励类型，也就是我们觉得最舒服，而且会一直想要重复经历的状态，但是在不同的环境和情况下，我们每个人都会在这六种激励因子之中游走。这也就是为什么我说这六个因子本身最重要，最需要好好了解，而不是这些因子如何结合。

激励DNA和脱氧核糖核酸一样，你研究得愈多，就会陷得愈深。我会教你要如何与其他不同类型的人互动，并且辨识其中的差异；我还打算将其中一些内容贴上网络，让那些对技术层面有兴趣的人也可以看看。但这套系统最有价值的地方在于，它会教你如何找出激励DNA的六个因子，并且将其应用在日常生活中。

“复制”对方的行为

建立和谐的关系，是你我在工作时最需要的力量；当一个人和你关系和谐时，他通常会同意你的想法，并与你合作、和你一起分工。我下一个要讨论的概念：行为复制，就是要帮助你创造一个能够建立和谐关系的环境。

“复制”在生物学上，指的是制造另外一个完全相同个体的过程，而此处我所称的行为复制，则是指重制另一个人的语言、姿势和步调。这是建立信赖和了解他人的有力工具。

工作气氛和谐的团队，里头的成员通常都有类似的沟通风格、手势和行为，这就是行为复制的内在表现，而我们也常在夫妻身上看到这点。在结婚多年之后，夫妻间的肢体语言、共同模式、服装和行为，会出现惊人的相似度；同样地，拥有和谐关系的人，通常会展现契合的沟通模式和肢体语言。有效率的工作团队常会运用自己的语言（例如一些简称、自己人才懂的笑话和行话），来描述共同经验。

下次你在餐厅用餐时，可以仔细观察身旁用餐的人，你马上就会学到什么叫行为复制。如果同桌的人看来心情很好，那么你会发现他们的姿势和语言通常都一样；如果有人的身体是向前倾的，其他人也多半会向前倾；如果有人把脚交叉，那么其他人也会把脚交叉。这些人的姿势，甚至于用语，都会非常相似。接下来，再看看那些似乎对同伴不满意或者不开心的用餐者；你会看到的是，他们的说话方式、坐姿和手势之间明显不同，他们的肢体语言和用语也会不太协调。有的人可能大声快速地说话，别人则是低声慢慢地说；有的人可能全神贯注在同伴身上，有的人则是避免两眼直视对方的眼睛。

一个能够让你感觉到自己被了解、欣赏和安全的空间，将有助于你和他人之间的沟通。你愈能够将自己的沟通模式和肢体语言调整到和其他人同步，就可以更容易建立起和谐的关系。你可能已经注意到，和小孩说话时，如果能蹲在与他们同一高度的位置，并且在说话时看着他们，就愈容易和他们沟通；和成人沟通时也是如此。行为复制就好比是让自己和别人站在同一个高度上，然后强化彼此之间的联结。

下次当你要激励别人采取行动的时候，请试着配合他们的肢体语言、语调和速度。如果他们属于讲话快速的人，那么你跟他们说话时要加快速度；如果他们坐在桌边、双手交叠抱在胸口，那么你也要坐下来做出同样的动作。将你的姿势和沟通方式调整成和你的谈话对象一样，如此将能让对方感觉到自己已被你接受、了解，进而营造出同心协力的气氛。

你在和别人练习行为复制时，别忘了你是在调整自己的行为，以配合他们，而非嘲笑对方。你不须完全重复别人的行为，只须将这些行为当成范例。以下是一些你需要注意，并且试着调整的行为：

◎姿势

◎手势

◎脸部表情

◎眼神

◎语调

◎速度（韵律和节奏）

◎措辞

先从复制一项行为开始。举例来说，你可以先从学习一个人的坐姿或站立的方式开始，当你习惯这么做以后，接着再练习配合对方的声音。在练习行为复制之后，你会发现这不只能帮助你激励他人，也能提升你的人际关系。

提供不同的东西给不同的人

到目前为止，我讨论的技巧都集中在个人。但是，当你面对不止一个人的时候，该怎么做？你怎么激励一个班级的学生，或一整个团队？在一群人当中，你会发现每个人的激励类型和沟通风格都各不相同；许多人犯的错误，就是用自己的激励类型来激励这一整群的人。例如，偏好变化型可能充满热忱，甚至冲动，但如果这些人不能提出一个具有逻辑的行动计划，并且说明这么做的理由与事实，那么便无法动摇这个团队里的偏好稳定型。

为了激励一个群体，你必须吸引每个激励类型的注意，你需要提供不同的东西给不同的人：关系导向的人需要互动、任务导向的人需要挑战、偏好稳定的人需要计划、偏好变化的人需要多元化，还有精神及物质奖赏，才能激发表现。

在我们进入第二部分时，我将会着重在激励DNA的六大激励因子。随着你逐渐了解该怎么做（以及不该做什么），才能激励不同激励类型的人之后，你将对激励DNA有更进一步的认识，也会进而学会每种激励类型的以下特点：

◎他们的强项、缺点

◎他们的特质

◎他们的思考模式

◎如何有效地和他们沟通

◎如何化解和他们的冲突

◎如何启发并且领导他们

◎他们在工作、娱乐时如何反应，以及他们的人际关系

◎他们如何影响别人

最后，我们将对每种类型提出建议，作为每一章的结论。

给夫妻的激励小诀窍

在阅读第二部分的时候，请把符合你行为的描述标示出来；此外，请你的另一半也把有关他／她的正确描述标示出来，然后彼此交换阅读。这是要真正了解你的另一半最快速、最简单，也最有效的方式。你会学到的是，你的另一半，要怎样才会感觉到满足，被重视、被激励，以及被爱。

给单身者的激励小诀窍

这里有个小诀窍，可以帮助你选出和你契合的另一半，也就是，先决定你想要和哪一种类型的人共度人生的后半辈子。在你阅读第二部分时，请将你理想中，未来的另一半必须具备的特质和性格标示出来。这将使你的思绪清晰，并且让你有一个公正的清单，可以评估未来的另一半。

Get Motivated 激 励

PART ❷
六大激励因子

· 面对任务导向型时直接一点

· 请多与关系导向型说说话

· 提供偏好稳定型够多的事实

· 擅长图像沟通的偏好变化型

· 重视感觉与价值的精神奖赏型

· 高薪是激励物质奖赏型的最佳手段

▶ 面对任务导向型时直接一点

“若要领导像英国这样强盛的国家——这样一个领导国际事务度过好日子与坏日子的国家、这样一个始终可靠的国家，你就必须触及自己铁石心肠的一面。”

——撒切尔夫人（Margaret Thatcher）

撒切尔夫人是我所认识的人当中，最聪明过人、能言善道的女性，举凡法律、政治和国际事务，她都是专家；但最令我惊艳的是，她如同百科全书般无所不知，这样的形容毫不夸张。撒切尔夫人能清晰、深入并有说服力地谈论任何话题，我还没看到她被难倒过。

她比任何我所知道的亿万身价的企业巨子，都更了解商业问题。无论问题多么复杂难懂，她都知之甚详、巧言善辩，真是不可思议。如果说这位女士是铁做的，那她一定是被锻造成了学富五车的金库（撒切尔夫人绰号“铁娘子”）。

撒切尔夫人是任务导向型。她在牛津大学就读时，攻读的是化学，毕业后，她成为研究化学的学者。25岁时，她代表保守党竞选国会席位，是当时最年轻的女性候选人，随后便进入内阁担任教育部长，1979年当选首相，成为英国有史以来第一位女性首相，并且连任三届，是150多年来任期最久的首相。

《时代》（*Time*）杂志赞誉她是世界最具影响力的人物之一："举凡资本主义的胜出、'市场机制为繁荣必经之路'的观念、苏联政权垮台，以及全球各国风行政府组织瘦身等转变，玛格丽特·撒切尔全都有份。很难想象，如果没有了她，这些转变会如何发生。"

但撒切尔夫人并非只因为政治成就，而成为全球代表性人物。她的个性融合了剃刀般锐利的智慧，与钢铁般的决心，并兼具优雅与女性特质，这个迷人的综合体，紧紧抓住了全世界的目光，为她在历史上刻下印记。撒切尔夫人就像所有任务导向型一样，是自信、以结果为重的成就者，喜欢肩负重任。她的威严令人慑服——她自己知道，任何飞入她领空的人也都知道。撒切尔夫人曾经对我说："塔玛拉，当个强者就像当位淑女，如果还得告诉人家你是强者或淑女，那么你就不够格。"

任务导向型的"A型"人格

任务导向型是天生的领导者，他们是典型的"A型"人格（医学博士梅尔·费德曼的分类，指个性较急躁、求胜心切、好争胜的人），抱着"无所不能"的态度，因此表现常常超乎预期。任务导向型自信满满、大胆而果断，天性适合领导，并且喜爱担负责任。

任务导向型给人一种权威感，且处事果断，勇于追求自己想要的事物；只要给任务导向型机会，他们就能克服任何挑战，因为非凡的意志力与自律能力，会促使他们前进。

大部分人得花上一天完成的事，任务导向型可能在几小时之内就能搞定，他们行动快速、有效率又能干。任务导向型步调快，且喜爱挑战，往往正面迎敌；他们总能找到办法，跨越遇到的阻碍。

任务导向型决策迅速，是危急时刻不可或缺的人物，因为他们拥有面对困难的勇气与必胜的信心；事实上，他们在压力下活力十足。任务导向型是“修复者”，对任何难题都能提出五六种解决方案；他们相信，不管是什么问题，都找得到解决办法。

任务导向型自主性强，他们追求“在自己想要的时候、以自己想要的办法，解决自己想解决的问题”的自由。任务导向型喜欢掌控自己的生活，公私皆然，他们拥有自信且凡事靠自己，往往是极为独立的一群。任务导向型想看到每件事都有进展，所以对于拖拖拉拉的问题和动作慢的人，会显得很没耐心。

任务导向型很能解读他人，擅长评断人们的弱点与强项，并乐于助人成功。他们给自己设定了非常高的标准，对于自己所带领的人也是。如果他人的表现不如预期，任务导向型就会严厉批评，但他们的期望，常常能刺激同事挺身面对挑战。他人眼中的任务导向型，既聪明又有才能，是能呼风唤雨的类型。发挥最佳实力时的任务导向型，结合了效率、才干与激励人心的乐观，并能创造正向的改变。

不再作怪的查理

数年前，我旗下的资深经理马克到办公室来找我，说他再也受不了某位部属。我请他坐下聊聊。

“怎么回事？”我说。

开始抱怨吧。马克把我的问句解读成宣泄令。

马克说：“是查理。他快把我逼疯了，这家伙难以共事到不可思议。他动不动就惹火其他人，行为不择手段。查理自认为自己能订下一套规则，他就像推土机一样，等着要把其他人都铲平。”

接着是想当然的结论。马克深吸一口气说：“我再也受不了跟查理一起工作，我想请他走路。”

我答道：“难怪你这么想。不过，你能告诉我他的优点吗？”

马克宛如听到有人要他捐出肾脏似的，勉强说：“这个嘛，我承认查理是勤奋的员工，早到迟退，聪明而且动作快，事情也办得很好。他就像可靠的跑卫（running back，美式足球中负责冲锋陷阵发动攻势的要角之一），如果你已经第三次进攻，又距离尚远，传球给他就对了，你知道他做得到——但他会把挡住他去路的人都撞倒。他会取得续攻权，不过场上会尸横遍野（美式足球规定，进攻方只要在四次进攻中前进十码以上，就能取得续攻权）。”

我说：“让他升官。”

马克不表赞同地说：“升官？我不想让他升官，我想开除他！”

我说：“我知道，但查理的问题是，他显然是个领导者，你却要他做跟随者的工作。这家伙爬到大家的头上，是因为他被大材小用了。让他升官，然后给他一点自由，再看看他表现如何。”

于是我们升了查理的职，而他也确实发挥了长才。不到几年光景，他就当上敝公司的资深主管。任务导向型需要自主权，他们的态度可能看似格格不入，甚至不讲道理，但他们搞破坏是有道理的。

没空听机器说话的彼得

最近，我先生彼得（典型的任务导向型）装了一个语音输入系统，让他可以打电话在语音信箱中留下详细信息，之后再由助理输入电脑。机器传来的第一个提示信息是简单的一句："您现在可以开始录音了。"

彼得对安装机器的技师说："我每天得打这电话几十次，没空听机器说话，这信息太长了，你能不能改短一些？"

技师吓到了，这句话才寥寥几个字，还要怎么缩短？他答应会想办法，结果缩短为："请开始录音。"

彼得说："好多了，但还是太长。能不能缩短成一个字？"

技师说："不可能啦！"

彼得闻言后说："这句也行不通，没什么道理，而且太长了，四个字耶。"（彼得以为技师要改录成"不可能啦"）

技师急忙说："我不是指要改录成'不可能啦'，我是说你的要求。"

彼得才不管什么叫不可能的要求，他咆哮着说："只要改成'录'！这不就行了。请改成'录'！"现在彼得进到语音输入系统后，只会听到一声铃响和一声"录"，就可以立刻开始录音。这么一来，我这位任务导向型的先生可高兴了，因为接下来就任他自由发挥，不会有什么烦人的提示信息来妨碍他的脚步。

如何与他们沟通

任务导向型是直肠子的人，他们沟通时往往步调很快，不喜欢一说再说；他们讨厌花一大堆时间解释，因为认为别人应该"听得懂”；任务导向型喜欢快速切入重点，也希望他人如此。正因如此，有些人可能觉得他们很不会说话。不过，任务导向型只是喜欢听真心话，不要拐弯抹角或回避问题。

任务导向型可能不是个好听众，因为他们较为重视任务而非以人为重，宁可专注于手头上的工作。任务导向型常常把“倾听”当成浪费时间，因为他们往往认为自己已经知道问题在哪儿，也有了答案。

因此，任务导向型表现出来的行为就是匆匆忙忙又没耐心。他们通常将交际闲聊斥为无聊，他们的坦白，有时会冒犯到其他人。电影《美丽心灵》（*A Beautiful Mind*）中，罗素·克洛（Russell Crowe）所饰演的角色约翰·纳许（John Nash）这么解释：“我发现，要将自己的交际能力磨亮到擅长与人交际的程度，得花庞大的力气。因此我倾向直接表达，以加速信息的传达，但往往没有好下场。”

最佳的沟通策略

◇在说话前先将思绪整理好，尽量不要太过多言

◇简单扼要，尽可能简洁地传达信息

◇愈快把重点说出来，他们愈欣赏

◇切入要点，别担心太直接——他们承受得起

乐观主义的思考模式

任务导向型是有伟大愿景的思想家，他们的视野能超越混乱的现状，看到未来的可能性。任务导向型能思考，为达成目标依序必须完成哪些步骤，并在心中描绘出，从开始到达成的完整规划。他们会考虑各种变量，快速判断他人提出的解决方案是否可行。任务

导向型愿冒算计过的风险，由于他们具有远见与直觉，因此那些选择通常会照他们设想的方向发展。任务导向型有深谋远虑的天分，最注重尽可能快速又有效率地取得最佳成果。

任务导向型偏好自我引导式的学习风格，他们想知道“结果”，并靠自己的力量找出“方法、时间与为什么”。任务导向型喜欢文字简洁、架构清楚的数据，学习速度快，且能迅速处理新信息。

任务导向型处事明快，习惯靠自己想出答案，且常常没问过其他人的意见，就已经做好决定。任务导向型作出自认为正确的决定时，并不觉得有必要得到他人的认同，因为他们通常是经过深思熟虑才决定，而其直觉往往都是对的。

任务导向型比许多人表现出更好的判断力，特别是在高压的情况下。要任务导向型袖手旁观、任由事态发展是很难的，他们一定要介入掌控，或觉得情况在掌控之中。任务导向型容易因事情缺乏后续进展，而感到烦躁，他们一旦下达指令，就预期事情会如期完成。

任务导向型是典型的乐观主义者，他们相信只要立定决心，任何事都是可能的；在他们眼中，成功并非出于运气，而是出于选择。大部分任务导向型，心里都没出现过“可能失败”的念头，因为他们相信，人生中会发生的大部分事情，自己都有能力掌控，或有能力处理。任务导向型的座右铭是，“成败操之于己”。无论从哪方面来看，任务导向型都是自己命运的掌握者。

可能的强项

◇绝佳的领导能力

◇努力工作，能够主动出击

◇有信心、有自信

◇能发掘他人隐藏的潜力

◇像意志顽强、耐力惊人的比特犬般，坚定地向问题进攻

◇有条不紊，能同时管理多项项目

◇承受压力时表现优越

◇危急时刻反应迅速

可能的缺点

◇相当喜好竞争，而且为达目的，可能表现出霸道的一面

◇有时可能缺乏耐心、颐指气使又冥顽不灵，因而被认为是控制狂

◇可能独裁，强制实行自己的方案且打压反对者

◇坦率直言，又固执己见，有可能会表现出太过专横跋扈的一面

◇以自我为中心

◇鄙视能力较差的人，因而会变得吹毛求疵，或是说话刺耳

◇步调太慢会令任务导向型浑身不对劲，他们会批评那些只会按部就班、埋头苦干的人，或是啰里啰唆、迟迟不说重点的人

职场中的坦克

如果你想让什么事情完成，那就把它交给任务导向型吧，他们能兼顾并协调多项项目，而且一滴汗也不流。任务导向型享受边缘生活，以及征服挑战与达成非凡成果之后所带来的刺激感，他们面

对压力时沉着冷静，发生问题时则通常泰然处之。任务导向型能表现出必要的力量与定见，引导他人进入新的领域，整编资源并动员他人朝组织目标迈进。他们是“共好”型的领导者，有办法描绘出愿景，并且沿路提供指导策略。

任务导向型往往是工作狂，组织能力强且善于指挥大局；他们能迅速将事情完成，然后再转移到下一个项目。任务导向型面对责任归属时不踢皮球，有统辖、管理与领导能力；能力不足的人会惹恼他们。如果你做得好，他们就尊敬你；做得不好，他们就无法忍受。

任务导向型会从所有角度来看事情，也能根据自己的计划，克服障碍并执行。任务导向型对自己能同时处理许多事情的能力感到自豪，但他们也会适时请其他人帮忙，因为这样他们就能开始进行下一项计划。任务导向型就算闭着眼睛也能授权，但如果他们认为自己能做得更快、更好，他们就会自己动手。

对任务导向型来说，没有比了解进度与达成实际成果，更能令他们满足的事了。任务导向型汲汲于消除浪费、无效率的情形，以及任何妨碍生产力的程序或人物。他们追求能把事情做得更好、更快、更经济的方式，也习惯于检讨自己的表现，并寻找改善之道。

任务导向型想要在工作上享有自主权，他们喜欢找出有什么是需要去做的，然后不受干扰地执行。团队工作中，任务导向型可能太过独立的特性，或许会凌驾于团队之上。任务导向型最看重的是结果，他们喜欢拟订计划，然后让事情发生。任务导向型想要够大的权力，以确保任务妥当地依时间表完成；他们偏好的合作伙伴，是像自己一样思绪清晰、有动力，且行动导向的人。此外，他们也期望自己的组织能有良好的策略，因为他们相信，这象征着稳固、戮力以赴的领导力。

共事原则

◇给他们自行选择项目与团队的自由

◇把门槛抬高，挑战会让他们活力十足

◇别对他们事事监管，他们会管好自己

◇让他们参与工作目标的拟定，并让他们自己决定要如何达成

◇尽可能别管他们，任务导向型极为独立，而且需要有自行处理事情的空间

◇别让懒散的团队成员及官僚流程绑住他们，这会让他们失去动力

◇表现出对他们能力的激赏，任务导向型需要受人尊重的感觉

对事对人都冲、冲、冲

任务导向型有自我锻炼的动力，他们对每件事都有改善计划，也包括对自己个人，成长占他们休闲活动中的一大部分。他们在竞争性运动中表现优异，乐于从事能让自己保持前进的活动。任务导向型往往难以放松，或坐着不动，即使在家里也是。他们在努力达成多项目标之后感觉最棒，一般来说，任务导向型并不想把时间光花在休息上，他们喜欢把“休息时间”结合其他的事情：看电影、打高尔夫球、航海、露营、健行或锻炼身体。任务导向型想知道、体验及参与每件事；他们浑身是劲，事情进展太慢会令他们感到不耐烦，他们需要冲、冲、冲。

任务导向型对人际关系并没有高度需求，他们不排斥与人为伍，但也许会对过多的人际互动感到疲乏。任务导向型往往防御心较强，回避任何涉及隐私的事情。他们用在人际关系的时间有限，身边的人都经过慎选，因此可能不会建立很多深厚友谊。可能有人

认为，任务导向型缺乏感情或态度冷漠，有过度不重视人际关系的倾向，但他们其实是在小心翼翼地保护自己，并掩盖内心的情感。

任务导向型善于付出，注重家人的财务安全与福祉。在高压状况下，喜欢追求成就的任务导向型，会被许多人误以为对他人漠不关心；虽然他们外表看来强硬，但对于信赖的人其实是既负责又关心的。工作完成之后，任务导向型也会玩乐、庆祝和取悦他人，他们乐于和家人、朋友从事各式各样的休闲活动。

如何化解和他们的冲突

任务导向型并不排斥应付冲突，这在处理纷争时是个优势，他们不会回避讨论那些有待解决的问题；然而，任务导向型却会强烈地相信自己是对的。受到对抗时，他们可能变得心生防卫、顽固或脾气暴躁，坚称自己的做法才是最好的。

最好不要公然和任务导向型争论，请私下再找他们解决；如果你能先坦承自己的错误或误判，此举常有助于缓和任务导向型的反应，使他们承认自己的错误。先让任务导向型平静下来，然后再和他们讲道理，你可以点出任务导向型做对或做成功的部分，帮他们保住自尊，并确保问题不会变得太针对个人。把问题变成像是一个有待克服的挑战，因为任务导向型喜欢解决问题，他们天性如此。

任务导向型如何影响他人

任务导向型对他人的影响力，来自他们能将事情完成、集结参与者之力、克服障碍、化解冲突、拒绝接受失败，以及持续追踪，直到任务完成。

任务导向型擅长有效率地利用时间和资源，以达到成果，他们展现出强大的领导能力，需要的监督也最少。任务导向型是可以托付重任，且在压力下表现良好的人；他们能组织人员、推动项目，拥有大量的精力与毅力，而且会全心全意地达成目标。

沮丧因素

◇无效率又限制重重的环境

◇单调呆板的工作

◇能力不足的上司

◇缓慢又陈腐的环境

◇不断出现的不必要干扰

◇繁文缛节

◇稀少的晋升机会

十大激励因素

◇自主权

◇拥有建立并实现点子的自由

◇有待解决的危机、期限或艰困处境

◇让他们达成“不可能的任务”

◇做更多、做更好、做更快和破纪录

◇挑战与竞赛

◇同时从事多项项目

◇同侪的尊敬与上司的肯定

◇“没有其他人能做得比自己更好”的信念

◇别人也认同“没有其他人能做得更好”

给任务导向型的建议

练习听进他人的声音，不要老是盛气凌人。可以的话，尽量减少掌控的欲望，学着让他人领导——即使这些人有可能会失败。小心不要像要求自己那样，严苛地要求别人。强迫自己慢下来，去接触那些比你擅长交际的人，并与他们建立关系。多放些注意力到人际关系上，学习延伸自己的能力。倾听他人的观点，并试着去欣赏，领导权自然而然会落到你身上，但请克制去命令他人该做什么，或是该怎么做的欲望。当你不耐烦时，学着控制怒气——慢下来，深呼吸。请记得，人类是human "being"（为人）而非human "doing"（做事）。放轻松一点，人生就该好好享受。

任务导向型眼中的自己

"我有个倾向是，生活全力以赴且像个单人乐团，所以我通常不会为了建立许多关系，而停下来好好了解别人。"

——吉莉·安德森（Gillian Anderson，《X档案》女主角）

"命运要自己掌握，否则别人就会代劳。"

——杰克·韦尔奇（Jack Welch，前奇异执行长）

"面对问题，是解决问题的开始。"

——鲁道夫·朱利安尼（Rudolph Giuliani，前纽约市长）

“在人生的历练中，你将会学到的是：若不为自己的独木舟划桨，就无法前进。”

——凯瑟琳·赫本（Katharine Hepburn，好莱坞杰出女星）

“一盎司的行动，大过一吨的理论。”

——弗里德里希·恩格斯（Friedrich Engels，德国社会主义理论家）

“无止尽的假期，像是在地狱中工作一样难受。”

——萧伯纳（George Bernard Shaw，爱尔兰剧作家）

“我的人生哲学是，如果我们下定决心要过什么样的人生，就努力朝那目标迈进，我们绝不会失败，因为总会有办法胜出。”

——罗纳德·里根（Ronald Reagan，前美国总统）

“团队力量指的就是，许多人合力实现我说的话。”

——迈克尔·韦纳（Michael Winner，导演兼制片）

“成功几乎完全依靠动力与坚持。胜利的秘密，在于多努力一下或多试一次所需的那多一点的力量。”

——丹尼斯·魏特利（Denis Waitley，《乐在工作》作者）

“人们老是说时间会改变一切，其实你必须自己去动手改变。”

——安迪·沃霍尔（Andy Warhol，波普艺术之父）

“有效的领导，并非光靠演讲或只要受人喜爱即可，领导力是以结果来定义的。”

——彼得·德鲁克（Peter Drucker，管理学大师）

▶ 请多与关系导向型说说话

“看到孩子们脸上散发出希望时，我所得到的满足与喜乐无人能及。”

——杰瑞·刘易斯（Jerry Lewis）

杰瑞·刘易斯从5岁就开始为世界带来欢乐，在纽约波希特区（Borscht Circuit）出道登台，唱着：“兄弟，能不能施舍我一角钱？”（20世纪30年代美国大萧条时期代表性歌曲）15岁时，杰瑞更获得机会，与老牌喜剧演员同台演出。这位闻名世界的舞台剧演员、电影兼电视明星杰瑞·刘易斯，拥有的独特个性与幽默感，使他成为喜剧天王。他受人喜爱、充满爱心，他一人为肌肉萎缩症所募集的资金，就超过20亿美元。

杰瑞成功的秘诀是什么？是什么激励了他？答案可简单归结为一个字：人。杰瑞拥有源源不绝对“人”的喜爱，我从未遇过像杰瑞这么看重人际关系的人。他是终极版的关系导向型。

我第一次见到杰瑞，是在2002年，我邀请他来我们的“激励研讨会”演讲。当时杰瑞长期为健康问题所苦，必须靠轮椅行动。尽管身体难受，他还是决定为我们的听众登上舞台。杰瑞站上台时，超过15000名听众都起立为他热烈鼓掌。他连珠炮似的吐出一个接一个笑话，现场整整45分钟笑声不断。稍后我在后台和他聊天时，察觉得出他深深被这个经验给打动了。

“塔玛拉，”他告诉我，“你一定不知道刚刚我得到了什么。好奇妙的体验啊！我在舞台上听见来自四面八方的笑声，这真是360度的纯然快乐！我真高兴能逗这些听众开心。”他眼眶含泪说：“我很想再来一次，希望你再邀我回来演讲。”我之后当然邀了许多次，而我也很荣幸能邀请到他。

接下来几个月，我亲眼见到杰瑞的真实转变，而且只能以奇迹来描述。他减重超过70磅，健康状况也大幅改善，连医生都大吃一惊，解释不出所以然。不只如此，杰瑞不再需要轮椅了！当我第一次看着他走向舞台、爬上楼梯，站着演讲超过1小时，感觉真是太美妙了。

杰瑞告诉我，我们的“激励研讨会”听众，不折不扣地拯救了他的人生。“如果没有这些人，我想今天我不会站在这里。‘想再听一次这些听众的笑声’，就是让我保持前进的动力，而且让我的生命延长了好几年。”

关系导向型的顺从天性

像杰瑞·刘易斯这类关系导向型，是人际关系建立者，他们追求与朋友、亲人、邻居及同事建立长远的关系。关系导向型忠诚、有同理心、乐于支持他人，且拥护和谐的人际关系；他们热心又善良，对他人有求必应。让他人开心，就是关系导向型满足的源泉。

一般来说，关系导向型宁可融入人群，而非与众不同；由于他们需要融入人群，因此不会偏离文化规范太远，而且会受到传统的标准和期望所引导。处于团队中的关系导向型，有团队精神且喜爱团队合作，并尊崇他人的才能；他们想把每个人都拉进来参与。

关系导向型大方分享自己的时间，但太过顺从的天性，会让他们为了要满足他人需求，而暂缓自己的需求。他人常觉得关系导向型善解人意，因为他们的确努力要去了解别人的观点。更重要的是，他们追求强烈、圆满的人际关系。

“请把这一切写下来寄给皮尔太太”

第一次见到积极思考之父诺曼·文生·皮尔博士（Norman Vincent Peale）时，我才24岁。年轻一辈的人可能不记得皮尔博士，他是美国最伟大的激励者之一。他的畅销书《积极思考的力量》（*The Power of Positive Thinking*）于1952年出版之后，卖出了700万本以上，并在《纽约时报》畅销书榜上，连续盘踞了惊人的180周。皮尔博士也是一位受欢迎的讲者，他在曼哈顿大理石教堂（Marble Collegiate Church）担任牧师长达53年。在那段期间，该教堂的教徒增加到5000人以上，而皮尔博士也成为纽约市最著名的传道士之一。

我们很高兴也很荣幸，能邀请到皮尔博士，在他90岁生日那天为我们演讲。皮尔博士演讲时神采奕奕，宛如时光倒回他只有45岁时，让我们全都对他的精力惊讶不已。演讲结束后，他和夫人萝丝站立了一个多小时招呼来宾、回答问题、在书上签名，并接受拍照。

稍后在晚餐时，我问皮尔太太："如果等着和你说话的人龙已经排了很长，接着又有人走上前来，无视身后有那么多人，想跟你巨细靡遗地诉说自己的故事，这时你会怎么做？"

皮尔太太笑着说："我会给他一张有我电子邮件地址的名片，然后说：'亲爱的，那听起来有趣极了！帮我个忙好吗？请把这一切写下来寄给我，我喜欢阅读故事。这里有我个人的电子邮件地址，我很期待能收到你的信！'"

当天晚上，我把皮尔太太的智慧传授给我先生彼得。几天后，彼得去波士顿参加一场研讨会，当他回到我们下榻的饭店时，看起来累得跟狗一样。

我关心地问道："亲爱的，你还好吗？你看起来累坏了，发生什么事了？"

彼得答说："哦，研讨会很好，其实满有趣的。但会后，有位女士在走廊找我说话，而且坚持把她从童年时期到目前所经历过的每个问题告诉我！"

我笑了："你应该用用萝丝·皮尔给我的建议。"

彼得说："噢！我是用了！我告诉她：'亲爱的，那听起来有趣极了！帮我个忙好吗？请把这一切写下来寄给皮尔太太！'"

如何与他们沟通

关系导向型沟通时热情真诚，在与他人建立关系时，偏好当面交流，而非通过电子邮件、传真或电话。关系导向型开放而坦率，并且预期别人也一样不设防。体贴的动作、共处的时光，以及互相扶持，都是让他们感到幸福的必要条件。

关系导向型是和平制造者，他们不喜欢摇晃船身，也不希望烦扰、歧视或冷落他人。他们可能回避问题，以避免发生冲突，当大伙儿意见相左时，关系导向型会希望能帮忙居中调停。

关系导向型天生懂得听出弦外之音，能帮忙传达别人无法传达出来的信息，因此他们无法理解，怎么可能会有人无法了解他们呢（即使他们没有明白说出自己的感受）。尽管如此，关系导向型还是希望让事情能愉快进行，因此大部分时候会顺从他人。他们通常不擅长为自己辩护，可能也不太善于表达自己观点的价值。

最佳的沟通策略

◇慢下脚步，放软声调，并进行眼神接触

◇不要马上切入公事，多花点时间谈些细节

◇表现出温暖、友善的一面，关系导向型不喜欢冷淡的感觉

◇给关系导向型一些时间，让他们说完自己的话

◇让他们解释自己的立场，别打断他们

◇表达论点时，伸手碰碰他们的手臂。友善、不带威胁的肢体接触，是关系导向型的黏着剂

集思广益的思考模式

关系导向型的思考方式具有包容性，他们能纵观大局，尤其是不同的想法与事件会如何影响每个人，而不只是他们自己。关系导向型面对问题时，会心和头脑并用。面对不讲情面或满不在乎的态

度，会让关系导向型感到不快，也可能会被这些问题拖垮；有时他们甚至会觉得自己管太多了。

他们作决策时偏好选择合作，而且会考虑他人的意见与参与程度，尽可能多咨询几个人。关系导向型会多方采纳信息，然后汇整成综合的意见；执行时偏好探索式的做法，也就是公开分享信息，再由团队合力解决问题。

吸收新信息时，关系导向型偏好互动的方式，喜欢得到指导及正面回馈，好知道自己做得如何。关系导向型喜欢通过触觉及视觉学习，例如实操训练、课堂活动及角色扮演；他们向他人解释观念时，也偏好采用图像或通过示范的方式。

关系导向型喜爱交心、友善的互动，他们相信，人才是生活中最重要的部分。他们非常努力要满足他人的期望，当自觉无法达到期望时，会苛责自己。关系导向型相信直觉，倾向跟着感觉走；他们可能不擅长作困难的抉择，因此常会回避高风险的状况。

可能的强项

◇以同理心倾听的天分

◇擅长顾客服务

◇衔接彼此的差异与联合群众的能力

◇值得信任：当你需要关系导向型时，可以信赖他们

◇非常有耐心与包容心

◇友善、容易亲近、谦逊

◇总是愿意帮忙

可能的缺点

◇太信赖他人、太想取悦他人；或为了避免冒犯伤害他人，而太晚提出潜藏的问题

◇不擅长说“不”，因此常常被不必要也不想要的责任，压得喘不过气

◇缺少自信及安全感，因而常常不能够说出自己的需求，并为自己挺身而出

◇有时太在意他人眼光，不够果断，可能需要监督才能维持在轨道上；此外，他们也不愿意在没有指导方针之下采取行动

◇太快的速度会打乱关系导向型的步调，使他们受到干扰并忘记优先级

◇加诸太多项目在他们身上，会使他们感觉被期限击垮

◇遇到意料之外的状况时，可能会失去焦点或不知所措

◇害怕面对他人的反对与否定，因而会太过顺从；他们默默支持与鼓励他人的个性，反而是让他们容易受到动摇的原因

职场中的工蜂

关系导向型喜爱被人群围绕，这令他们活力十足。他们偏好团队合作，期望同事友善又互相尊重。关系导向型享受同事的陪伴，想要在一个像“家”的环境工作，并在职场中结交朋友。

由于关系导向型抱着“我们都在同一艘船上”的心态，因此总是很高兴能贡献一己之力。他们将自己的时间投注在团体的目标，常自愿做他人避之唯恐不及的麻烦事。关系导向型宁可凡事自己来，不喜欢差遣别人，因为他们不想麻烦同事。关系导向型这种人

人都想帮忙、事事都求圆满的个性，经常让自己过度承诺，想什么事都揽在身上，超出自己的能力范围。

不论团队成员的职位、等级、身份为何，关系导向型会尽量考虑每个人的想法，因为他们相信，每个人都该有机会为团队尽一份心力。即使他们不是某个团队中的一员，但一个同心协力、相互合作的环境，会让关系导向型觉得就像在家工作一样自在。他们喜欢和人讨论有关未来的挑战、观念和各类问题，好进一步了解更多信息，并寻求更好的解决方案。

由于关系导向型乐于分享自己的时间与才能，因此他们会假设其他团队成员也都愿意彼此分享知识和技能。关系导向型默默地鼓励每个人参与，他们的贡献也许不为人所知，因为这类型人工作时不邀功也不炫耀。

身为团队的一分子，关系导向型通常偏好让出领导权；能有个他们喜爱且信任的上司，对他们而言是很重要的。当关系导向型是领导者时，他们会重视下属的需求，并且渴望和同事进行开放式的交流。他们相信，团队互动和互相体谅，是成功职场的基本要件。

共事原则

◇提供清楚的愿景，以及衡量方法，以评估他们是否正朝组织目标前进

◇对新工作给予明确指示，并示范该如何正确地进行

◇提供指导方针，并持续表示支持

◇确保他们知道权责划分，以及遇到问题时该向谁求援

◇绝不要孤立关系导向型，他们会变得不开心且失去动力

永远的和事老

关系导向型喜欢花时间与他人相处。帮助亲朋好友会让他们得到乐趣，而他们也享受生活中的简单事物：大自然、美食、运动、家庭生活及朋友。他们热爱派对、庆祝活动和社交聚会；不可否认，关系导向型友善又擅长交际，他们不一定是派对里的灵魂人物，只是喜欢享受和他人共处的时光。关系导向型需要与人接触，或是任何能带来情感联结的事物。

关系导向型有能力和他人建立有意义的伙伴与人际关系，他们自己也重视这项能力。关系导向型在乎他人的需求，从帮助他人中得到满足。他们喜爱参与社群活动，并追求互动与共同成长的机会。

维护和家人、朋友与机构的传统，对关系导向型来说很重要，因为传统提供了共同感与归属感，以及他们渴望的传承。

关系导向型是敏感的 群，但有时也缺乏安全感，因此需要被爱及尊重；他们渴望得到他人的认同和情感、感谢的话语，以及肢体语言所表达出来的爱。

关系导向型在人际关系中投入大量心力，有时会在无意间造成对方的压力，无法响应他们的要求。要是移除了他们在家人、工作与社群中所扮演的角色，这种人的快乐泉源就会随之枯竭。

如何化解和他们的冲突

要真正招惹关系导向型生气并不容易，他们即使生气，也会很快气消。除非关系导向型受到不良对待或觉得被利用，否则他们非常随和，极可能在人际关系中浑然忘我。关系导向型心烦时，通常会变得异常安静，把情绪都藏在心里，导致大家经常忽略了他们也有不开心的一面。

一旦问题引发冲突，关系导向型通常会试图逃避，避免处理棘手的问题。关系导向型有当和事老的倾向，他们宁可在伤口上贴OK绷，也不想为了治愈伤口去弄痛它。关系导向型痛恨对立，也不想引起不必要的争论，因此会倾向不计代价逃避。

关系导向型想要愉悦而轻松的人际关系，遇上脾气火暴的人，他们通常都是退让的一方。真的爆发口角时，他们会希望迅速和解，因此当对方干脆一走了之时，会令关系导向型感到难过。如果有人以对立的态度跟他们说话，关系导向型自然而然会退缩下来，但想要维护和谐关系的欲望，又会迫使他们去处理对立的情形。

关系导向型如何影响他人

关系导向型会把每个人都拉进相关的事务，因为他们想让每个人都觉得自己是团体的一分子。关系导向型对团队的影响，在于建立同袍情谊与提出公平的解决方案。

关系导向型是很棒的团队成员，他们提供支持与协助。关系导向型在任何组织中都是工蜂，会忠实地尽到自己的责任。如果有目标必须完成，他们会是很好的执行者；关系导向型很乐意承担他人不想被指派的任务，如果他们觉得这对团队有好处的话。

关系导向型支持团队目标，只要有需要就会提供帮忙，支持并协助同事。他们会为团队成员的成功而庆贺，并努力提供价值给组织与其他人；此外，他们也很愿意尽其所能地伸出援手。

关系导向型富有同情心又敏感，不容易动怒，能包容他人缺点；此外，他们具有同理心，是非常好的听众。其他人在关系导向型面前很容易放得开，因为关系导向型易于和他人产生共鸣。

关系导向型会试着了解并满足他人的希望与需求，如果他们知道领导者对他们的期望是什么，就会使出浑身解数达到期望。关系导向型慷慨大方又宽宏大量，他们是无名英雄，会拼命达成团队目标，但把功劳留给别人。

沮丧因素

◇冲突

◇孤立

十大激励因素

◇与亲朋好友共处的时间

◇真诚的赞美与鼓励

◇允许社交活动的工作环境

◇被在乎、被需要的感觉

◇和谐的关系

◇能够满足他人的需求

◇低度的压力

◇悠闲的步调与宽松的时限

◇团队行动与共同决策

◇谈话与建立联结的时间

给关系导向型的建议

以自己的步调行事，但要建立起“和步调较快的人工作时，也能加快速度”的弹性。学着说“不”，不要轻易被说服，就算你是为了捍卫自己，没有人会因此讨厌你。果断不是坏事，而是一种美德。

关系导向型眼中的自己

“珍惜你的人际联结，亦即你和朋友及亲人之间的关系。”

——芭芭拉・布什（Barbara Bush，老布什总统夫人）

“个人力量小，团结力量大。”

——海伦・凯勒（Helen Keller，聋哑作家）

“我害怕被讨厌，即使对于我讨厌的人也不例外。”

——奥普拉・温弗莉（Oprah Winfrey，脱口秀天后）

“人际关系是培育人生中一切进步、成功与成就的沃土。”

——班・史坦（Ben Stein，美国政经评论家）

“我靠一句赞美就能活两个月。”

——马克・吐温（Mark Twain，《汤姆历险记》作者）

“我的成功秘诀？基本上就是当个好人。”

——朗·霍华德（Ron Howard，《达芬奇密码》导演）

“每位学生都必须到我的办公室和我见上至少一次面。我无法教东西给人体，因为我只能和人建立关系。因此我会说：‘进来，坐我对面的位子上。我不想谈论课本或课堂上的事情，我们可以再找时间谈。当你进到我办公室时，我会抱抱你——如果这会让你感到困扰，那就吃颗镇定剂吧。’真奇妙，有那么多人会因为听到有人说‘我想抱抱你’，而感到畏缩。我是个在意大利大家庭长大的孩子，正如大多数人所知道的，在那里，每个人随时随地都会互相拥抱一下。”

——李奥·巴斯凯吉理（Leo Buscaglia，作家和演说家）

“无论你做什么、有什么成就、有多成功、有多少钱，最重要的还是人际关系。”

——艾德·布莱德利（Ed Bradley，《60分钟》时事节目记者）

“我人生中最快乐的时刻，就是当我人际关系进展良好时——当我爱上别人，以及别人爱着我时。”

——比利·乔（Billy Joel，美国歌手）

▶ 提供偏好稳定型够多的事实

“没先试过自己解决问题之前，不要麻烦别人来帮你。”

——美国前国务卿鲍威尔（Colin Powell）

“将军，这边请。”我说。我带着鲍威尔将军穿过长廊，前往其他人聚集，或说等待的地方。

美国前国务卿鲍威尔，是我主持这场私人晚宴的座上贵宾。当将军和我正要走入餐厅时，我母亲拦下我们。

她说：“国务卿先生，我可以快快帮你和我女儿拍张照吗？”

鲍威尔将军说：“那当然，我很乐意。”

当时摄影师和其他来宾都在大厅，但他留在一台已经架好在三脚架上的相机前。鲍威尔将军把我带到布景那边，手搭在我的肩上，对着镜头微笑。母亲在相机上四处找寻快门键，将军和我则等待着。

“我不是很清楚这要怎么用。”她边说边按着相机上的各种按钮。

将军和我耐心等了半分钟，我上前一步，想帮母亲——她显然还在摸索那台相机。

鲍威尔收紧放在我肩上的手臂，低声说："不，让她自己想办法，她做得来。"

我们又等了一分钟，当然，母亲最后终于找到了快门键，并拍下照片。无论何时，当我看到她拍的这张快照，都会记起鲍威尔教我的这堂课。这就是他成为如此激励人心的领导者的原因之一：他给每个人"做的权利"。

侧写前国务卿鲍威尔

出身于纽约布朗克斯区（Bronx）的鲍威尔，最后成为美国风云一时的政治家，以及21世纪最杰出领导人之一。他有35年时间，都在军中服役，最后升到四星上将，并当上美国参谋长联席会议（Joint Chiefs of Staff）主席，是美国国防部的重要帮手，随后成为里根总统的国家安全顾问。2001年，新上任的布什总统指定鲍威尔出任国务卿，使他成为首位出任此职务的非裔美国人。

我有幸与鲍威尔将军共事超过20年，因此能近距离观察这位卓越人士的非凡天分。身为领导者，鲍威尔将军的主要激励特质是"偏好稳定"，这也是他能将工作做得这么好的原因。此外，他也是少数几位六项激励因子都得高分的高成就者之一。说鲍威尔将军是天才，绝非夸大其词或是盲目崇拜，而是再简单不过的事实。

一以贯之、稳定、可靠、聪明、节制且准备充分，是偏好稳定型的典型特征，而鲍威尔将军正是这些特质的具体化身。然而他看出，“变化”是生活中的一部分，也深谙行为要灵活有弹性，因此能熟练地应付变化。

鲍威尔将军是优秀的沟通者，拥有这项天分的人，通常比较接近偏好变化型。鲍威尔将军就像所有偏好变化型一样，也有风趣、调皮的一面。数年前，将军脚受伤，因此必须靠代步车行动，于是他在把手上装了一个喇叭，当他在“激励研讨会”后台走廊穿梭时，逢人就按喇叭，玩得乐不可支。

那么，驱使鲍威尔将军展开行动的内在原因（驱动力）又是什么？鲍威尔将军是个任务导向型，然而他也像少数的任务导向型一样，拥有与人建立联结的能力。我曾看过他亲自接见好几千名军人，并经常连续好几个小时与军事人员握手、交谈及合影。

鲍威尔将军是属于喜欢精神奖赏的激励类型，但他也重视物质奖赏。他很感激自己地位所带来的特权，但他的主要激励因子，是想为世界留下痕迹，毫无疑问的，他做到了。鲍威尔将军善用激励技巧，正是他之所以达到如此傲人成功，且广受世人爱戴的原因之一。

偏好稳定型的高精准度

偏好稳定型喜欢常规、严谨的组织和有系统的事物。有些人会光凭猜测就试着组合一样东西，但偏好稳定型却宁可阅读说明手册，第一次就做好。可靠、务实又明智的偏好稳定型，是纪律严明的工作者，喜欢拥有不受打扰的专注时间。他们对朋友、工作与家庭都很忠诚。

偏好稳定型不会明知山有虎，却偏向虎山行。他们的目标是消除不确定性，并防患于未然。偏好稳定型想要事先做好计划，这样就不会被可能出现的问题搞得手足无措。他们喜欢可以预测的状况，知道事情会如预期般发展。偏好稳定型天性抗拒变化，特别是突发的变化。

偏好稳定型擅长看出事物的模式，有能力在其中找出不一致的地方；他们看得到漏洞、缺陷、陷阱和症结，并且快速揪出这些问题。偏好稳定型谨慎小心，讲求精确；有人可能认为他们吹毛求疵，但他们了解精确的重要性，且欣赏准确及对于细节的留心。

偏好稳定型相当有组织，通常每天都会拟定待办事项，而令他们不解的是，那些不写每日计划的人怎么做事。此外，偏好稳定型也乐于在杂乱无章中创造出秩序。他们通常是实践者而非梦想家，然而一旦他们梦想起来，有深思熟虑和百折不挠的能耐，能将梦想化为现实。

负责、认真又勤奋的偏好稳定型，自我控制力相当强。他们花钱与存钱的方法节制又自律，且财务观念保守，在预算架构下做事，才能令他们感到安心。

偏好稳定型喜欢拥有隐私，避免太多目光；他们通常对自己期望甚多，比其他人对自己更严格。讲求平等对偏好稳定型而言极为重要，因为他们相信公平正义，若是有人犯了错，偏好稳定型是无法坐视不管的。

偏好稳定型不会轻易接纳新事物，除非这些新事物有道理、经过测试且完全可行；此外，他们谨言慎行，在行动之前会先衡量代价与后果。

小小棋手柴克

我的人生目标之一（精确来说是第53号），是打败我4岁大的国际象棋卫冕对手，还以颜色。不幸的是，他现在15岁了，而我还没有打败他。

我的大儿子柴克是偏好稳定型，他4岁大时要我教他下国际象棋，柴克在附近书店看到一位国际象棋优胜者，想要学学那玩意儿怎么玩。我认为他还太小，应该搞不懂，但柴克坚持要我示范给他看。当然，所有的父母亲都会觉得自己的孩子是天才；但是，当彼得和我看到柴克马上就学会国际象棋的下法时，真的惊为天人。那天下午，彼得为我们这位学龄前儿童买了一套国际象棋电脑游戏。柴克那天花了3小时和电脑下棋，不久后，我们每个周末都去参加国际象棋比赛，接着柴克更是抱回一座又一座的奖杯。

国际象棋这个游戏，需要你在脑海中先设想好接下来的棋步。偏好稳定型相当擅长此道，很可惜我是个偏好变化型，天生没有这种天赋或耐心。我记得柴克大约6岁时，有一天我和他下棋（他对于打败我这件事，从来都不会感到厌倦）。

柴克说："我正在设陷阱，你看不出来吗？"

我答道："看不出来。"

柴克回说："妈，你为什么看不出来呢？之前三局我就已经做过同样的事了。我设局让你用主教吃掉我的兵，然后我会移动城堡。你会用皇后吃掉我的主教，然后我会用国王吃掉你的皇后。看出来了没有？"

我说："从你说'我正在设陷阱'之后，我就搞不太懂了。"

我儿子叹了口气："再四步我就要将你的军了。"

如何与他们沟通

偏好稳定型会以平和的语调来沟通，即使烦躁或生气，偏好稳定型也会试图控制自己的情绪反应。他们通常不会显露出太多的自我，承受的压力愈大就愈是自制。他们沟通时，倾向用“我认为”或“我相信”等字眼，而非“我觉得”。

偏好稳定型对于新想法的典型反应是怀疑，他们多半预先设想最糟的状况，然后表达自己的疑虑。偏好稳定型分析现在，以计划未来，所以如果你想说动他们，就一定要拿出信息。偏好稳定型会将自己的信念、行动与想法，建立在他们能证明为真的事物上。

最佳的沟通策略

◇你必须准备好事实，而且愈多愈好，因为你无法光凭热忱就打动他们

◇偏好稳定型需要相信事情能做得来、可行、合乎逻辑，才会接受新愿景。你必须给他们够多的事实及证据，才能得到他们的支持

◇向他们简报数据时，要有系统；偏好稳定型喜欢看到数据以有秩序、有组织的方式呈现

◇解说概念时，使用事实与数据，而不是图说或故事

严谨清晰的思考模式

偏好稳定型善于分析且讲究方法，因此他们往往较擅长数字而非文字。偏好稳定型以理性、线性的方式思考，他们觉得自己思绪清晰，不喜欢自己的推论受到挑战。

偏好稳定型会进行系统式的思考，他们想在作决定前知道所有细节，并寻找其中的模式。偏好稳定型在思考时，通常循序渐进且用联想的方法，他们看得出其他人忽略的关联性，并察觉得到遗漏

或脱轨的事项，不一致的地方会自动从他们眼前跳出来。

我先生彼得是个偏好稳定型，我们的员工全都拜倒在他的分析能力之下。最近我们的会计人员在彼得的桌上放了一份备忘录，但他放的时候上下颠倒了，彼得一看就说："第四栏第三个数字错了。"这位会计人员笑了，他以为彼得在跟他开玩笑，但他错了，彼得真的说对了。

偏好稳定型能够解读复杂数据，并搞懂令人困惑的信息，他们运用智能，巧妙地追根究底，对他们而言，光知道事情是可行的并不够，他们还想知道事情会如何运作。他们喜欢把事物拆解开来，并搞懂这些事物运行的背后原因。

可能的强项

◇对事物透彻了解，且注意细节

◇定义想法，并修改得更完善

◇能够照管任务，直到完成为止

◇分析问题，并判断哪些是必须完成的事项

◇有能力在心里组织自己的想法

◇可靠又坚定

◇娴熟地排定优先级

可能的缺点

◇当他们专注单一项目时，可能会看起来太过神经紧张或与人疏离

◇容易因他人没有照规矩来而感到挫折，这令他们显得严厉、古板、缺乏弹性。为了有效与他人建立联结，偏好稳定型可能必须加强自己的沟通技巧

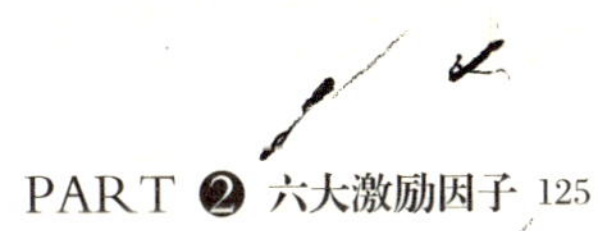

◇追求完美，可能会有过度理想化的倾向；他们有从“单纯地追求完美”，变成“完美主义者”的危险

◇他们的深思熟虑，有时显得迂腐，或是太过鸡蛋里挑骨头，容易把别人搞得筋疲力尽

◇当其他人已准备好要开始行动，偏好稳定型可能会突然踩下刹车，并且把大家的注意力转移到另一个尚未遇到的障碍上

◇对机会太过谨慎。如果让偏好稳定型领导团队或主导整个程序，他们往往会选择风险较低的计划，并打压风险较高但报酬也高的点子

职场中的纠察队

偏好稳定型的工作态度严谨，会致力于分析现状，并保持在正轨上。他们会为各式各样的任务与活动排定好优先级，准时赴会且做好准备。偏好稳定型对于工作目标，喜欢建立起一套组织完善的做法。为了达成团队任务，他们希望能取得任何所需信息，而且最好是一开始就能得到。偏好稳定型期望，工作所需的必要资源已准备就绪，若非如此，他们会感到挫折或心生怨怼。

交出“还可以更好”的工作成果，会令偏好稳定型感到不安。于是，他们可能会比别人花更多时间做好工作，因为他们想要做得仔细、彻底一点。偏好稳定型很清楚自己的工作伦理和高标准；他们知道自己工作起来非常努力，因此无法忍受同事没有付出同等心力。偏好稳定型喜欢他人的工作产出井然有序又有效率，乱七八糟或不用心的工作成果，特别令他们生气，尤其是，当他们还得回头更正别人忽略的错误时。偏好稳定型痛恨懒散、草率的思维，他们希望别人也像自己一样专注、有纪律。

工作堆积如山时，会令偏好稳定型感到沮丧，并让他们感觉被日子追着跑。为了把工作做到最好，他们需要够多的时间来思考、拟定决策与做好准备。偏好稳定型喜欢回顾项目过去的历史，并替未来的行动做足计划。

偏好稳定型需要在一日终了时，留一点时间排定隔天的作业顺序，因为无效率会逼疯他们。偏好稳定型无法在缺乏秩序与混乱的环境中做事，井井有条的环境，才能让他们在工作中保持思绪清晰。当每样事物都各就各位，就能使他们感到心满意足。

偏好稳定型对快速变化感到不安，因此他们偏好组织的规章程序与目标能保持相对稳定。偏好稳定型有能力把工作做好时，他们就不想更动工作职权。偏好稳定型渴望在工作上享有安全感，以及稳定的工作环境。

偏好稳定型不需要太多监督，只要给他们自由、安宁与平静，以及做事的机会即可。他们会要求详细指示，包括要做什么、如何做、应何时完成，以及有什么资源可供运用；得到这些信息之后，偏好稳定型就希望能独立自主地将工作完成。只要他们知道组织的目标，就会专注在完成目标上。

共事原则

◇给予详细的指示和清楚的目标

◇持续不断地提供支持

◇避免用不合理的期限施压

◇不要对他们事事监管

◇告诉偏好稳定型，他们有多么被需要，以及这份工作没有他们

就做不好

◇给偏好稳定型时间，让他们能依自己的步调做事

◇赞赏并奖励他们的勤奋

◇谨慎地提出新点子

◇突发或意料之外的改变，会让偏好稳定型备感压力。不要太快改变偏好稳定型的做事方法，他们需要点时间，才能适应新点子或行动方案

延后玩乐、天生慢熟

偏好稳定型偏好把工作做完之后，再进行玩乐。任何未完成的事情，都会带给他们沉重压力，在任务完成前，偏好稳定型很难放松。他们常常给自己设定时限，例如回家前或出去玩之前，要先完成手边的项目。

偏好稳定型享受和家人、朋友共处的休息时间，但天生的责任感，常迫使他们把社交活动延后到工作完成后。工作之余的偏好稳定型，喜欢把时间做好安排，以发挥最大的效益；他们最擅长的事，就是规划假期或出游时的每一分钟。

偏好稳定型可能不容易与他人交心，在你们变熟之前，他们通常不会表现出开放或外向的一面。偏好稳定型保守的天性，常被人误解为冷淡或疏离；然而，一旦偏好稳定型信任一个人时，就会对那个人极为忠诚。

和偏好稳定型来往时

◇偏好稳定型期望他人尊重权威，并照规矩行事

◇恭维或公开表现出情感，会令他们感到困窘

◇偏好稳定型不喜欢在作决定时被催促，特别是会造成长期影响的重大抉择，他们喜欢一次只做好一件事

◇偏好稳定型需要在财务上享有安全感，并看到账单依时缴付。如果你的另一半是偏好稳定型，你必须尊重他们对于财务规划的需求

◇偏好稳定型送的礼物往往都相当实用，这并非表示他们天性就不浪漫，而只是以务实的方式表达爱意罢了

◇偏好稳定型言行一致，他们不要求别人去做连他们自己也不愿意，或做不到的事

◇赞赏偏好稳定型所有的美好特质，别紧盯那一两件困扰你的事。切记，整个世界若没有偏好稳定型，就会是一片混乱

如何化解和他们的冲突

偏好稳定型是负责任的一群人。对他们来说，对错十分重要；如果你错了，最好一开始就承认，否则偏好稳定型会让你下不了台，因为他们会誓死捍卫自己所见的事实。慷慨激昂的论调无法说动偏好稳定型，只有合乎逻辑的言辞才可以。在攻诘他们之前，最好先把你的推论彻底想过一遍。

偏好稳定型如何影响他人

事实胜于雄辩，偏好稳定型是寻找事实、凭数据行动的机器。他们影响他人的方式，是通过提出令人不得不服的合理论证。他们

提出来的做法，往往是经过推论以及充分研究的，因此经常能有力地打动其他人。

偏好稳定型能在组织中脱颖而出，他们会在彻底思考过后，才提出自己的想法，并判断点子还有哪些改善空间。偏好稳定型会致力于消除组织中的浪费和冗余，因为他们也不希望自己的时间或资源被恣意浪费。他们痛恨造假、说谎、偷窃和不正直的行为。渴求卓越和经济效益的偏好稳定型，也长于控制质量和成本。

沮丧因素

◇被迫和能力不足的人或没有尽好本分的同事一起工作

◇他人试图草草了事的举动

◇无效率的系统、没道理的事情

◇别人忽视他们深思熟虑的计划时

十大激励因素

◇节奏、常规、一致性和可预测性

◇思考与处理数据的时间

◇口头上赞赏他们对于工作的努力

◇清楚定义的目标

◇了解全局，以及他们所做事情背后的原因

◇组织与秩序

◇能干的同事

◇清楚、合理的期限

◇倾听与了解他们的想法

◇完成工作的必要工具

给偏好稳定型的建议

要是不在生活中挪出时间，很少事情能在其中发生。挤出时间来玩乐与放松，并在你的日程表里安排短暂的休息时刻。挣脱紧急事件对你的宰制，别让自己固守一成不变的常规。学着适应不安感；切记，安定并不代表一动也不能动。

当你和任务导向型及偏好变化型沟通时，练习修饰你的想法，并学着激励他人。他人需要的是确认，而不是只有指示。在职场或家中，练习说出有哪些地方做对了，而不要只说出该修正的事。

偏好稳定型眼中的自己

“我出生于纽约哈林区（Harlem），在南布朗克斯区（South Bronx）长大，上公立学校，从公立大学毕业，进了国军，然后就和它长相厮守。”

——美国前国务卿鲍威尔

“有些人喜欢杂乱无章，有些人喜欢井井有条，而我喜欢的则是后者。”

——克莉丝蒂·特林顿（Christy Turlington，美国超级名模）

“我不否认，我是个井然有序的人，这是毫无疑问的一件事。”

——柯特妮·考克斯（Courteney Cox，《六人行》影集演员）

“我不在乎当个‘明星’，因为我只是想讨生活，并拥有固定的职业罢了。”

——安姬·迪金森（Angie Dickinson，性感艳星）

“得奖的兴奋，还不及做研究本身的一半。”

——玛丽亚·格佩特-梅耶

（Maria Goeppert-Mayer，诺贝尔物理学奖得主）

“缺乏信息的人，无法做出可靠的行为。”

——肯·布兰查德（Ken Blanchard，《一分钟经理人》作者）

“我宁可要结结巴巴的知识，也不要无知的雄辩滔滔。”

——西塞罗（Cicero，哲学家）

“我会抗拒去改变，只喜欢那些令我觉得安心与习惯的事物。”

——丹尼斯·奎德（Dennis Quaid，知名男星）

“努力工作，照规矩来。”

——艾尔·戈尔（Al Gore，美国前副总统）

“改变从来就不是件简单的事。”

——莎莉·菲尔德（Sally Field，美国演员）

“人们总是告诉我，改变是好事。但那只不过表示，有件你不希望发生的事情发生了。”

——梅格·瑞安（Meg Ryan，《电子情书》女主角）

“正是平凡、正直、一板一眼的特质，造就了我们国家伟大的安定与成功。这是值得骄傲的特质，但似乎也是许多人忽视的特质。”

——杰拉尔德·福特（Gerald R. Ford，美国第三十八任总统）

▶ 擅长图像沟通的偏好变化型

“这真是个奇迹，一个奥秘。魔镜啊，请你告诉我，我到底是谁？镜中的我回答：‘你一向都在做你想成为的那位福尔曼。’”

——乔治·福尔曼（George Foreman）

我爱福尔曼。我并非拳击迷，却是不折不扣的福尔曼迷；他聪明、有趣、合群、努力，而且有自己的操守原则——他是真正的好人。

福尔曼也是才华洋溢的运动员。1968年，他年方19，就在墨西哥奥运会中获得拳击金牌，从此一鸣惊人。接着旋即成为职业拳坛最教人敬畏的拳击手，保有40战不败的纪录，其中有一半以上的场次，在前两回合就已经获胜。1973年，福尔曼以原本不被看好的落水狗之姿，打败了乔·弗雷泽（Joe Frazier），登上重量级世界拳王宝座，教大家都吃惊不已。

福尔曼后来获得任命，正式担任牧师。45岁那年，他向命运挑战，登上擂台，再次摘下重量级世界拳王头衔，让批评者哑口无言，是获此殊荣年纪最长的拳手，更缔造了历史纪录。

由世界拳王，到专利烤肉炉的创业家，福尔曼证明了，自己不论在擂台上或擂台下都是赢家。他是运动英雄、精神领袖、爱家的好男人、10个孩子的父亲、商人，也是演艺界的偶像。

福尔曼是绝佳的演员，这是偏好变化型常见的特色，他们喜欢成为众所瞩目的焦点。不论福尔曼是以讲道者的身份说话，抑或扮演黄金时段的生意人，他的沟通天赋都显而易见。在我们的“激励研讨会”上，他总是大家最喜爱的主讲人。

大部分专业的讲者，都会把自己的演讲内容，精炼成30~60分钟的精华，一旦内容拟妥，不论是对哪里的听众演讲，都采用同一套内容，但福尔曼每一次的演讲，内容都不相同，而他每一次要传达的信息，也都让人印象深刻。

就在福尔曼演讲前，他在自己的手套上写下了这些文字："如果你能把手放进这只手套，你就能做到我所做到的事。"在德州休斯敦，我把他介绍给18000名热情的福尔曼迷，他举起手套，替上面的文字作了一番说明："大家看清楚了，这可不是一般的手套，今天，这可是手套中的手套——因为我才刚把左手放了进去。"

听众全都笑了。福尔曼继续说："如果你们能把手放进这只手套，你们就能做到我所做到的事。无论是今天、明天，还是当你们沮丧难过，或是丢掉饭碗时，只要把手套戴上，你们就能感受到如我现在所感受到的力量、兴奋和勇气！你们可以一跃而起，征服这个世界！"

在听众鼓掌之时，福尔曼微笑着说："你们相信我的话了吗？"

听众："相信！"

福尔曼："好！你们明白，只要大家学会我刚刚所示范的销售技巧，就不会饿肚子了。"

那天稍晚，我到后台去见这位拳王，我说："福尔曼，你的演说真精彩！而且你猜怎么着？我也相信你的话了！如果我能把手放进那只手套！"福尔曼笑了，他把手伸到袋子里，拿出那只"手套中的手套"。他说："这是你的。我本来今天早上就打算拿给你，但我得先让你相信我的话！"

偏好变化型的洒脱性格

偏好变化型很有说服力，很容易让人信服，因此通常都极具影响力。他们热衷追求个人成长和自我表现，而爱玩的本性也能引导出其他人的玩心。偏好变化型能化平凡为有趣，他们充满自信、外向活泼，而且喜欢探索，充满活力。

偏好变化型喜爱变化，为探险而活，他们热爱乐趣，充满创意，为追求新的体验，甘冒风险。他们富有创业精神，觉得变化刺激有趣，不会因此产生压力。

偏好变化型不喜欢的是细节、例行公事和严谨的组织（这些恰好是偏好稳定型最喜爱的）。如果面对的是层层架构和官僚制度，偏好变化型就会觉得受到限制、难以发挥。他们喜欢一切悠闲自在，不要太过拘泥于形式。偏好变化型会尽其所能，争取弹性和选择的空间，他们喜欢自由挥洒，即兴发挥，以及可以随时改变自己的心意或方向。偏好变化型会随兴之所至，一头栽进事物中，等到一切急转直下，才会思考结果。

偏好变化型对自己学习新技巧的能力充满信心，他们终生学习，视人生为学习和发现的旅程，且认为一切都该以个人的成长为中心；参与形形色色的活动，以及追求教育经验的时间，对他们来说永远不够。我自己就是偏好变化型，因此很清楚，我们时常会无法选择行动的方向，因为有太多刺激有趣的事物，吸引我们的注意力。

有着疯狂信心的塔玛拉

身为偏好变化型的我，对冒险的渴望永无止境。我曾旅游过70几个国家，骑骆驼驰骋，并赴埃及开罗探索金字塔，更曾攀上“印加文明的失落城市”——秘鲁的马丘比丘（Machu Picchu），这些壮观的遗迹位于近8000英尺的高山之巅，周围云朵环绕，高耸在美丽的乌鲁班巴（Urubamba）河谷之上。

在墨西哥，我乘着树脂玻璃船降到海里，亲手喂食鲨鱼。而我觉得最兴奋的事，莫过于在加勒比海的大开曼群岛（Grand Caymans）与海豚同游，这体验精彩有趣，让我当晚兴奋得睡不着觉。我曾两次遭到犀牛攻击，一次是在尼泊尔狩猎，骑在大象背上时，还有一次是去年夏天在南非。我曾见识猴子在树间摆荡，在印度丛林的树顶飞跃翻滚；我也曾徒步在欧洲旅行，并探索《圣经》上所记载的圣地。

在这其中，有一次永难忘怀的冒险经验——虽然我宁可忘记。虽然那次冒险已经过去了10年之久，但光是回想，依旧让我的心脏扑通直跳，手心冒汗。当时我在非洲的津巴布韦，那是我在十国巡回演讲的最后一站，我想冒点险，来庆祝旅程结束。我原本计划在赞比西河（Zambezi River）来一趟激流泛舟，这里的难度已经高达第五级（水流汹涌，地势多变，极为刺激），被视为举世数一数二的激流。但当我抵达津巴布韦时，才发现血吸虫病正在当地肆虐，这是一种热带疾病，由寄生虫所造成。我以为这风险未免太高，如今回顾起来，或许依原计划去泛舟还比较安全。

第二天一大早，我发现自己站在一座长长的金属桥上，这是维多利亚瀑布桥，周遭尽是这个举世最大瀑布激起的水雾。维多利亚瀑布的水溅在悬崖上，再冲下逾300英尺下方的赞比西河，噪声震耳欲聋。河水狂吼冲下峡谷之后，水雾喷溅高达上千英尺。

“塔玛拉，你准备好了吗？”

“啊？准备好什么？”

“你准备要跳了吗？”

几名非洲青少年正在操练号称“全世界最高的高空弹跳”，为了迄今我依旧觉得莫名其妙的原因，我竟让他们将弹跳绳绑在我身上。“弹跳绳”说来好听，其实只是几条绑在我脚踝的破烂毛巾，然后用一条细细的魔术扣（Velcro）盖住，再接上已经磨损的松紧带。我凝视着绑在脚上的毛巾和橡皮圈。

“就这样？你们一定是在开玩笑！这样安全吗？”

这些男孩子放声大笑，这可不是什么好兆头。

“说真的，有没有人这样送命的？”我担心地问道。

“你不会有事的。”一名青少年一边搀着我蹒跚地走到桥上的金属板上，一边说。这块平台上没有栏杆，是一块悬在半空中的跳水板，木板在风中颤抖摇摆，我真担心它会承受不住我的重量而断裂。

我心想，要是我死了，他们恐怕也不会通知警察，铁定一哄而散，抱头鼠窜。

我盯着底下教人晕眩的深渊。

“别往下看！”那男孩命令道。

“这太疯狂了！亲爱的上帝，我们下面有鸟在飞！”我说。

那年轻人不理我，只说：“我数到3，你就跳。”

“不行！我办不到！”

“1！2！3——”

我的脑海里突然浮现了一个强烈的念头：我是动作片的特技替身，摄影机在运转，我要一个镜头就把这个动作做好！

我张开双臂，深吸一口气，身体向前倾——然后做了一个完美无瑕，简直可以得金牌的飞燕跳水动作，由跳台一跃而下。我听到桥上的人鼓掌欢呼。

“你是个愚蠢的特技替身！”刺耳的风声在我耳际呼啸，在我朝着直冒泡沫的河水落下时嘲笑我。瀑布的水飞溅在我身上，两边的悬崖一片模糊，我直冲而下，面对可能会粉身碎骨的命运。

突然间，一切都停止了，没有一点声音，没有一丝气息。我悬在时空当中，绳索弹回去，把我向上拉了100英尺。我朝天空飞去，飞上落下，在瀑布上方上上下下，接着我吊在空中，就像钓鱼线上的肉虫，目瞪口呆地看着眼前头下脚上的世界。

一名男孩从桥上用绳索垂降下来，钩住我的弹跳绳，把我吊了上去。

“怎么样？”他问。

我全身颤抖，说不出话来。真是太棒了！不过我永远都不要再做这样的事了。等我回到地面上，经营高空弹跳的男孩子聚拢来击掌庆祝，并且恭喜我。他们说，这是他们所见过，最好的几次弹跳之一。我的弹跳经验说明了偏好变化型的特征：疯狂的信心。如果我们做不到某件事，也会表现得自己好像做得到一样——而且照做不误！

如何与他们沟通

偏好变化型在与人沟通时，表情丰富、乐观愉快，健谈且活跃。偏好变化型坦率而诚恳的态度，非常有吸引力；他们的亲和力，往往很快就能和人建立交情，他们的幽默、活力和对生命的热情，很容易就吸引别人。他们机智有趣，常以幽默打破沉默僵局。

偏好变化型充满活力和生气的风格，让他们与众不同。他们天生就是演员，而且能将这个天赋发挥得淋漓尽致。偏好变化型能够传达自己的想法和情感，并使人信服，他们是绝佳的说书人，能够说出许多趣闻逸事，而且每一次重述，都能加入新的润饰内容。

偏好变化型乐于分享自己的想法和情感——不论在任何地方、任何时间，也不论是否受到邀请。每一个主题都是公平的游戏。他们无法遮掩自己所想或感受到的，总是不由自主地就会表现出来。他们坚持己见、充满热情，坦白真诚而善于表达，且直言无讳。他们并无意冒犯，只是在对方偶尔因他们的坦白而感到不快时，往往才大吃一惊。

最佳的沟通策略

◇采取肯定而热忱的态度

◇保持视线接触，并且专心聆听

◇对他们的意见表示兴趣

◇对他们的成就表示欣赏

◇在说明观点时，用视觉图像、文字图画，或者实地示范。偏好变化型是亲自动手做的学习者

◇在阐述你的观点时，不要用事实和数据，采用故事和插图，才能说服他们

变化多端的思考模式

偏好变化型想象力丰富，是有许多原创点子的思想家，他们喜爱创意，也热爱发现的过程。偏好变化型有很好的直觉，常以情感和直觉而非事实来作决定。他们较擅长文字而非数字。偏好变化型喜爱改变——包括很快地改变自己的想法。他们天生好奇，也喜欢学习新的事物。

若详细分析是必要的，偏好变化型就显得没兴趣，因为他们厌恶分析。偏好变化型是有远见的未来派，他们有众多的点子，却没有空执行。点子在他们脑海中成形，就像水从消防栓喷出一样，力道强劲，水量充沛。其他人或许认为他们散漫且杂乱无章，但他们有无限的兴趣，任何有创意的新事物都能刺激他们。

可能的强项

◇说服与影响他人的能力

◇碰到问题时，能想出充满创意的解决方法

◇谈判的能力

◇能够清楚说明愿景，激发团队成员买账

◇动员大家行动

可能的缺点

◇往往低估风险，容易因一时冲动而仓促决策。在保守谨慎的环境中，又可能会太急于改变

◇喜爱追求刺激，因此需要偏好稳定型来平衡他们的冲动，当他们的理性之声

◇生性招摇、自我中心、太多话，尤其是对他们最爱的话题

◇缺乏重心，没有纪律

◇注意力集中的时间很短，无法长时间专心只做一项工作

◇往往会和组织架构对抗，无法达到平衡的生活

◇常会先做能够快速完成、容易做，且有趣的工作，而拖延或忽略不好做的任务

◇虎头蛇尾，时常以极大的热情起头，但等到快要完成时，却会因为无聊而放弃

◇回避监督，且质疑权威。管太多，他们就会反抗；受到限制束缚，他们就会生气

◇反抗标准的作业程序，想找出不同的做事方法。只要有规则，他们就想要打破

职场中的未来派

偏好变化型喜欢许多工作同时进行，他们同时处理多件工作和计划的能力值得赞赏，但他们可能不注意细节，需要有人协助他们理出优先级。偏好变化型在容许创新的环境中表现杰出，他们的口才和说服力，使他们天生就适合营销与推销。他们也可能是活力充沛的领导人，乐于接下新的任务。

共事原则

◇给他们自由，让他们能发挥创意来解决问题

◇邀请他们参与讨论，进行脑力激荡

◇提出目标，向偏好变化型挑战，然后让他们想出如何完成

◇赋予责任，提出期限

◇提供他们个人和专业成长的机会

◇公开表扬他们的成就

◇在他们完成计划时，就要准备让他们进行下一项计划，因为他们很容易就会觉得无聊

◇请他们谈谈自己的想法

喜爱刺激、追求乐趣

偏好变化型天生就爱游戏。他们追求新的经验，胃口难以满足；此外，喜爱尝试高风险运动的他们，更是什么都想要尝试——新食物、充满异国情调的旅游，和独特的经验。偏好变化型在最新的趋势和想法这方面，往往领先众人。

由于偏好变化型注意力集中的时间短，因此常给人害怕建立长久关系的印象，但这往往并不真确。偏好变化型乐于和人建立关系，不过对他们而言，最重要的是乐趣、新的经验，以及无止境的兴奋刺激。他们不肯墨守成规，而当建立新关系的兴奋感消失之后，他们的热忱也就随之减退。如果你能再给他们乐趣，他们就又会发光发热。

如何化解和他们的冲突

和偏好变化型一起解决冲突通常并不困难，因为他们天生就喜

爱找答案。偏好变化型乐于调解纷争，渴望修复出现摩擦的关系。如果你不知该如何解决冲突，只要问问偏好变化型就对了，他们往往不费吹灰之力，就可以信手拈来十几个点子。

偏好变化型如何影响他人

偏好变化型能够让他人觉得大家都是自己人。他们很快就能和陌生人打成一片，别人也很容易就能和他们建立起关系，即使才初识，也能像相识已久的老友般相处。

偏好变化型拥有绝佳的能力，能够说明愿景、激励大家达成组织目标，并让其他人也为他们的热情而感到同等兴奋。这股热忱和信心，能够鼓动团队中的其他成员。偏好变化型能够鼓舞人心，让整个团队士气高昂。他们能提供稳固的支持和鼓励，扮演积极乐观的拉拉队长。偏好变化型有推销和说服的天赋，他们的信念让其他人也产生了信心，而他们设身处地为正反两方设想的能力，也使他们成为天生的谈判者。

偏好变化型追求的是，在理所当然之外更新鲜且更有创意的点子，如果有更好的做事方法，偏好变化型会负责把它找出来。他们不愿遵循组织传统，而想找出改变现状的解决之道。他们要在传统的束缚之外，找到看事情、做事情的新方式。

沮丧因素

◇无趣的计划或行动

◇重复的工作及规章条例

◇太多的组织架构及繁文缛节

十大激励因素

◇冒险和改变

◇轻松的日程和弹性的时限

◇有机会学习新的技能

◇成为众所瞩目的焦点

◇探索新想法的机会

◇其他的选项

◇各式各样的工作责任

◇改写或改变任务、日程、程序等的能力

◇充满创意的工作环境

◇个人成长的机会

给偏好变化型的建议

设定目标，至少每天要处理一项你不喜欢的工作。练习保持专注，并完成工作，不可半途而废。抗拒不断换计划的冲动，专心把事情贯彻到底。

想想你该如何消除让你分心和干扰的事物，保持专心一意。比如，你可以重新安排办公室的家具，不要面门而坐，也不要坐在人来人往的地方，打理一下你的工作环境，以维持更高的续航力。

不要主宰整个谈话，让别人有机会能提出意见，并对他们感兴趣的话题提出问题。准时的态度，能够表现出你对其他人的尊重。想想你太过天马行空的创意，会对其他需要架构、喜欢照章行事的人，造成什么样的反效果；守时、遵守承诺，就能传达出你尊重对方的信息。

十本个人成长畅销书

领导人就是学习者，而学习者就能有所收获！以下挑选了十本职场生涯规划畅销书，供你参考运用。

◇《忠诚第二》（*Career Intensity*），戴维·罗伦佐（David Lorenzo）著

◇《老板不说，但要你做到的事》（*Business Class*），杰奎琳·惠特摩（Jacqueline Whitmore）著

◇《与成功有约》（*The 7 Habits of Highly Successful People*），史蒂芬·柯维（Stephen R. Covey）著

◇《第8个习惯》（*The 8th Habit*），史蒂芬·柯维著

◇《致胜》（*Winning*），杰克·威尔许（Jack Welch）著

◇《怎样求职才能成功？》（*What Color Is Your Parachute?*），理察·鲍威尔斯（Richard Bolles）著

◇《EQ II：工作EQ》（*Working with Emotional Intelligence*），丹尼尔·高曼（Daniel Goleman）著

◇《塑造个人A+品牌的10堂课》（*Career Warfare*），戴维·达列山卓（David D. Alessandro）著

◇《重整下半场的优势》（*From Success to Significance*），罗依·李柏（Lloyd Reeb）著

◇《打响自己就一招》（*The Brand Called You*），彼得·孟托亚（Peter Montoya）与提姆·梵德贺（Tim Vandehey）合著

偏好变化型眼中的自己

“我的理论是，即使你不知道自己在做什么，如果你看起来有

信心，什么事就都能成功。”

——杰西卡·艾芭（Jessica Alba，《惊奇四超人》女主角）

“我不只把对方击倒在地，还由我挑选要在哪一回合击倒他们。”

——阿里（Muhammad Ali，拳王）

“只有在尝试新事物时，我才有更多的乐趣。”

——布鲁斯·威利（Bruce Willis，《终极警探4.0》男主角）

“我热爱冒险。有这么多门等我去开，而我也不怕窥探门后有些什么。”

——伊丽莎白·泰勒（Elizabeth Taylor，资深影星）

“我发现，每一次我做彻底的改变，就能让我觉得自己像艺术家一样活泼愉快。”

——戴维·鲍伊（David Bowie，摇滚乐音乐家）

“我做这一切，是因为它有趣，而不是为了出名。”

——艾儿·麦芙森（Elle Macpherson，澳洲超级名模）

“只是上场打球，追求乐趣，并且享受球赛。”

——迈克尔·乔丹（Michael Jordan，篮球大帝）

“你就是要有信心，虽然你可能是错的，但不论如何，让人家相信你就对了。”

——丽莎·库卓（Lisa Kudrow，《六人行》影集演员）

“挑战自己，你会喜欢这个改变。”

——珍妮·克雷格（Jenny Craig，减重中心创办人）

“我早就知道新闻工作适合我，它让我获得乐趣，而且很有意思。如果我把播报新闻想成是一种工作，或许我就不会去做了。”

——山姆·唐纳森（Sam Donaldson，美国广播公司电视台主播）

“现在是进入商界的绝佳时机，因为商业在未来10年的变化，将比过去50年还多。”

——比尔·盖茨（Bill Gates，微软创办人）

“我是个大量学习的人，总是而且永远在学习。”

—— 艾莉西亚·凯斯（Alicia Keys，节奏监调歌手）

▶ 重视感觉与价值的精神奖赏型

“我们所做的工作并不是奇迹，我们乐于奉献的那颗心才是。”

——特蕾莎修女（Mother Teresa）

在印度加尔各答，1400万人民过着贫穷的生活，老鼠的数量是人口的8倍，儿童翻捡垃圾觅食，没有加盖的下水道穿过街头，臭不可闻。在这教人痛心的混沌之中，特蕾莎修女却创造了平静，她为受苦的人提供协助，也为濒死的人带来安慰。这样的工作对她而言并非负担，因为她欢喜地去做。坦白说，特蕾莎修女是我所知最知足的人。

“塔玛拉，”她曾告诉我，“不论走到哪里，都要把爱散布出去。让任何接近你的人在离开时更快乐。简短地说句亲切的话很容易，但带来的回响却永无止境。光是施舍金钱是不够的，不要只因为捐款就感到满足。人们真正需要的是爱，不论走到哪里，都要散播你的爱。”

早在天主教会认可特蕾莎修女是圣人之前，她就已经是圣人了。

我有幸和特蕾莎修女共事，协助她在印度修女会垂死者之家（Nirmal Hriday）的职务，我由衷感激这段经验，它对我的人生有深远的影响。

特蕾莎修女是我认识的人里，最伟大的精神奖赏型典范。重视精神奖赏的人往往胸怀大志，他们是理想主义者，一心想有积极的贡献。精神奖赏型怀抱理想，要使世界更美好，因此渴望参与重要的计划。特蕾莎修女照顾病人、垂死的人和最穷苦的穷人，因为她一心一意要协助他们。她不是为了金钱才这样做，而是基于精神上的理由，出于慈悲的动机。然而在更宏大的神意之中，她守贫的誓言反而让她富有，照顾受苦的人反而让她的灵魂更丰富。

就像特蕾莎修女一样，精神奖赏型通常都想要济世救人；他们想使世界变得不一样，而这带来的成就和满足，超越了私人的利益。这并不是说金钱对他们来说不重要，只是钱不是最重要的事物。人人都希望工作能够获得公平的报酬，只是激励精神奖赏型的原因，是结果而非收入。他们对赚钱的兴趣，远不及他们对于改造世界的关怀。

精神奖赏型的大我精神

精神奖赏型的特色是，他们有强烈的价值观来引导人生。个人的诚信是精神奖赏型至高无上的理念，能够实现自己的目标，远比获得名利重要。他们知道自己的信念，而且亲身实践。精神奖赏型对自己设定的目标和价值观的肯定，驱使他们去做自认为有意义的重要事情，他们希望能感受到自己归属于更宏大的事物之中。

能贡献一己之力，是精神奖赏型快乐的基础，他们在物质方面非常慷慨，愿意分享自己拥有的事物，在有需要时随时充当义工是他们的特色。精神奖赏型喜欢有参与感，他们对其他人的感受和忧虑非常敏感，驱使他们的动力是，心中那份让一切更美好的愿望。

精神奖赏型在政坛上往往很活跃，他们了解且关切当前的社会经济事务，他们有远见、有憧憬、有理想，以纠正不义为己任。他们真心关怀其他人的福祉，愿意为弱势者奋斗。

精神奖赏型有明确的是非观念，他们公平无私，有勇气说出自己的信念，并且不顾阻力，一心为信仰奋斗。他们乐于改善其他人的生活，协助无法自立的人。

精神奖赏型愿意放下自我的利益，若有需要，他们会为了更大的善而不顾自己的需求。他们想要运用自己的技巧和能力，创造改变及伸出援手，使一切更美好。精神奖赏型往往期盼他们的义举善行能够长留于世，也愿意为了能够持久延续的事物而努力。

重视性灵的彩虹人民

来参加“激励研讨会”的听众，看到我们负责的员工虽然西装笔挺，却刺环、文身，好像街头无赖，不免多看两眼。一头细长发辫、山羊胡子、眉毛上刺环，恐怕不是一般企业界常见的人物。然而各位有所不知，这些穿着整齐的嬉皮，其实是人道主义者的化身，他们是救援组织的成员，提供“彩虹人民”（Rainbow People）食品、衣物和药物咨询。你可能会问，什么是“彩虹人民”？媒体很少报道这个组织，大部分人也从没听过他们，但“彩虹之家”（Rainbow Family）代表的是一大群反现代文明的社会人士，他们远离文明，回归自然。

这一群组织松散的人，数量逾6万，包括流浪者、披头士、逃家青少年、不事生产的人、新时代人（New Agers）、激进的环保分子、非基督徒、大地崇拜者、和平运动者和嗑药者。他们在美国四处流浪，在森林中聚会，大部分都住在帐篷或破车里，由一个彩虹集会流浪到另一个集会。

“彩虹之家”的成员说，他们的团体是“全世界最大、无须成员的非组织”，而且开玩笑地自称是“解体组织”。他们没有正式的领袖或结构，没有网站，没有正式的发言人，也没有正式的会员制度。在社会大众眼中，他们就像从地球表面掉到外层空间了一样——这就是迄今为止，彩虹人民从未在你的雷达上出现过的原因。

这些像候鸟一般流浪的人，过着像20世纪60年代嬉皮士一样的生活，没什么钱，甚或身无分文。他们对社会的憧憬幻灭，或者遭到社会排斥，因此聚在森林里共享营火、鼓乐、性、药物，以及他们一起搜罗而来的少量食物。

我的朋友乔舒亚·汉森（Joshua Hanson）曾是彩虹人民的一员，他说：“他们真的四处搜罗食物，并寻找安身之处，大部分都是着重性灵的人。而他们就靠垃圾为生，从垃圾车里找东西吃。他们背着背包徒步旅行，几乎一无所有。”

汉森是协助我们研讨会的彩虹救援团队领导人，彩虹救援团队由“激励研讨会”赚得酬劳，然后再回馈给他们的组织。汉森和太太夏琳，两个儿子以及他们的团队，乘着彩绘的巴士和休旅车巡回美国。他们以车为家，每年提供食物，援助成千上万的彩虹人民。

汉森说：“我知道没有希望、没有目标是什么滋味，我自己也曾为和平而奔走，过着这种苦行僧的生活。我曾和克里希纳教徒同住，环游世界，寻找生命的意义。我也吃过各式各样的药物，更曾在喝醉酒之后，吞下其他人放在我面前的任何东西。”

我问汉森，他是怎么由彩虹人民变成协助彩虹人民的人。“我们遇到了一些基督徒，他们提供食物给无家可归的流浪者，我们停步吃喝，并和他们谈话，一位名叫海瑟尔的女士还跟我们分享她得救的经过。我们全都有头虱，海瑟尔不仅带我们回家，帮我们除头虱，还帮我们洗衣服，让我们干干净净。她真心爱我们。”

那是1998年，也是汉森彻底改变的开始。2001年，他创立了“耶稣爱你”非营利组织，协助青少年，而这些人占了彩虹家庭的八成人口。刚开始的时候，他只开着一辆小小的丰田客货两用车，到最后却号召了三四十人组成行动群体，共乘着7辆巴士和休旅车，在全美各地巡回。“我们有免费厨房，并且设了营帐，提供免费食物、衣着和其他用品。许多彩虹成员因为性伴侣太多、嗑药和共享针头，而带有HIV病毒。我们花许多时间，在森林里协助这些孩子，当他们的朋友。”

我提及汉森的故事，不只是为了说明精神奖赏因子会如何运作，也因为汉森对彩虹人民的协助，是本书销售所得要资助的对象——30余个非营利救援组织和儿童慈善之家。本书所有的版税收益将全部捐给慈善单位，我谨代表所有受助单位，向购买本书并因此协助了许多人，支持伟大理想的读者说：“谢谢你！”

养育19个孩子的威廉斯

我还要再说另一位精神奖赏型的故事，他对我的人生有重大影响：帕特·威廉斯（Pat Williams）。读者或许知道，他是NBA奥兰多魔术队（Orlando Magic）的资深副总裁，他麾下的球队共有23次打进NBA季后赛，5次进总决赛。威廉斯已经被选为NBA史上最有影响力的50个人之一，但他的篮球生涯并非一帆风顺。“大家的期待和要求都这么高，老天，简直就像每个晚上都要有奇迹降临才行。”威廉斯说，“每一队都想要季后赛82场全胜，不然就不开心。就像薪水单上的明细会搞得你精神崩溃一样！”

担任篮球队主管虽然占了他生活的一大部分，但不是全部。威廉斯还写了45本书，并主持三个时段的广播节目。过去12年来，他参加了42次马拉松比赛，其中还包括他已经跑了11次的波士顿马拉松。威廉斯曾加入美国陆军，也是小联盟的捕手，他还是举重选手，对美国内战颇有研究，并爬过雷尼尔山（Mount Rainier，位于华盛顿州中部）。正如你所想的，威廉斯是个任务导向型，也是偏好变化型，但他同样也重视精神奖赏。

威廉斯的成就虽然非常杰出，但他最大的成就是在教养子女。你可知道，威廉斯和夫人鲁思共养育了19个孩子？其中14个是由国外收养来的，有一年，他们夫妻得同时教养16个青少年。“就在那年，我接受了马克·吐温教养青少年的哲学。”威廉斯笑着说，“马克·吐温说：‘孩子到了13岁，你就把他们养在桶子里，挖个洞喂他们。等他们16岁，就把那个洞封起来，并停止喂食！’”

我问威廉斯为什么要收养这么多孩子，他说：“我们没有任何打算或计划，只是听到这些孩子等着被收养，就说：‘好。’”

威廉斯如今回想为人父母者的挑战，他说：“真是任重道远，且非常艰难。这当然也有时间的挑战，但我们尽量拨出时间。我们总努力共进早餐，我也尽可能参加他们所有的运动比赛，合计起来，这相当于共21年的少年棒球比赛，我去观赏过的青少年儿童运动赛事，比任何爸爸都来得多！要做到这点，就得放弃其他活动——没有高尔夫球，不能去钓鱼，因为我的孩子需要我到场加油。"

最后一句话，道破了激励所有精神奖赏型的动机："孩子需要我到场加油。"

如何与他们沟通

精神奖赏型有同理心，他们的沟通风格就反映出这点。他们对自己有热情的事物最能侃侃而谈，也能促使大家为他们所关怀的事物而努力，并启发其他人采取有意义的行动。

最佳的沟通策略

◇对他们热衷的事物表现出兴趣

◇用"感觉"、"相信"和"价值"这样的词汇，来表达你的观点

◇说明工作的目的，以及为什么重要

◇寻找你们一致的地方。找到之后，再告诉他们，"我有同感"

◇容许他们表达他自己的见解而无异议

◇在陈述你的观点之前，先肯定他们的观点

探究到底的思考模式

精神奖赏型在构想"如何做"之前，要先知道"为什么"。他们希望先看到大方向，再了解这一切如何拼成全景。精神奖赏型相信自己的判断，他们认为原则是社会的核心，他们的行为也和个人

的价值观一致。

即使是坏消息，精神奖赏型依旧认为，诚实是最上策，他们对自己和他人都很诚实，也决心要依照这个原则行事——即使不这样做是比较容易的。他们为自己的行为负起责任，并认为其他人也该这样做。

精神奖赏型是实际的乐观分子，他们会看到人生中种种的不公不义、不平等和负面的情况，但他们始终相信，所有的问题都可以解决。精神奖赏型明白，这世界一夕之间不可能会有多大改变，但他们并不因此就停止尝试改变。就算他们不能很快地征服自己的重大目标，也能因逐渐进步而感到满意。

可能的强项

◇强烈的责任感

◇关怀而慈悲，并且有化同情为行动的活力

◇慷慨激昂地为弱势者发声

◇善良正直的个性

◇不愿对自己的价值观妥协

◇尽力参与，不会推卸责任

可能的缺点

◇只顾及自己所爱的目标，重心过于狭隘，并且忽略组织运营的实际面

◇太过好高骛远，或者表现出自己比别人崇高的模样，自认为有更高的道德地位

◇只专注在自己所支持的理想上，可能看不到别人的观点

◇太过投入某个目标，而忽略了同等重要的关系和责任

职场中的精神领袖

精神奖赏型喜欢听到自己的贡献，对组织、小区和世界都有帮助，工作上的成就感对他们来说非常重要。精神奖赏型对于与他们价值观一致的工作，非常具有热忱，并且想要借由工作，表达出他们所认可的价值。他们相信，自己的事业生涯可以呼应自己的信念，反映出人生中重要的事物。

当精神奖赏型碰到不符自己信念的工作时，就无法顺利执行任务。精神奖赏型对自己信仰的目标，会竭尽心力奋斗，他们认为工作能够表达自我，而劳心劳力的结果，应该对改进人类和世界有所贡献。

精神奖赏型期望有可以仰赖的领袖，在他们看来，领袖的诚信远比才能更重要。当精神奖赏型自己是领导者时，他们有能力唤起追随者的希望。精神奖赏型相信，最好的领导人是以道德价值和伦理标准为行动基础的领导人。

精神奖赏型希望自己的贡献能被他人看到，也期待主管能感谢他们的努力；此外，更希望工作场所能令人愉悦，好的环境对他们而言非常重要。不过他们最期待的，仍是重要且对别人有益的工作。精神奖赏型需要自己的工作有清楚的定义，他们想知道自己要达到什么样的工作成果，以及为什么需要这样的成果。他们也想要亲眼看到，自己努力会带来何种影响。

共事原则

◇尊重他们的信念，即使这些信念和你的不同

◇对他们的努力表达感谢

◇让精神奖赏型知道，团队需要并且重视他们

◇让精神奖赏型看到，他们的工作对整体有不可或缺的影响

◇和他们讨论公司的愿景、价值观和道德标准，以及他们的信念是否与这些一致

◇对他们的家庭、关切的事物和热情表示兴趣

◇让精神奖赏型能够把他们的价值观融入工作当中

乐于奉献的义工

精神奖赏型期许自己能够有影响力，因此会花时间在慈善工作上。他们经常担任义工、参加以慈善为目的的马拉松赛跑，或者以其他方式奉献自己的时间和才能。精神奖赏型热情拥护自己的目标，在其中贡献时间、知识和才能，能让他们在工作和家庭中得到满足。他们的社会活动反映出的是，他们期待能积极影响世界，并协助他人。

在精神奖赏型的人际关系中，忠诚相当重要，他们非常顾家，在社群中往往也很活跃。他们期待朋友、家人和同事，都能信守诺言。他们尽心保护自己所爱的人，不能忍受有人刻意利用或伤害别人。做对的事，并协助需要帮助的人，这和他们自己的幸福感受有莫大的关系。

如何化解和他们的冲突

如果精神奖赏型觉得自己的立场遭到忽视，就会觉得受伤受

辱。由于他们有这样根深蒂固的观念，因此必须感受到自己的想法有人倾听，即使想法最后可能并未实现。他们会因为别人遭到不公不义的对待而义愤填膺，因为别人受到错待，就如他们自己遭到冤枉一样。

要解决和精神奖赏型之间的冲突，你必须先聆听他们的说法，并让他们有机会把不满摊在台面上。你该表达出，你了解他们为什么不满，而且他们的不满是有原因的，这能消除他们的愤怒。精神奖赏型不希望你只是安抚他们，或光是解决问题，他们要确定你了解他们不快的原因。

精神奖赏型如何影响他人

精神奖赏型影响他人的方法，是采取道德立场，宣扬他们的观点，并且在言行上都坚持遵循他们的立场。

精神奖赏型真心信仰他们的信念，如果他们相信自己的组织或理想，就会无比忠诚。他们有能力让整个团队集中心力在策略的结果上，可以辨识并说明其中的重要性，并且激发同侪对工作的热情。

精神奖赏型将全副心力奉献在有原则的行动上，并能激发他人同样勇于奉献。他们除了才能之外，也有智能；而在道德原则上，则不愿妥协且信守承诺。当他们是领导者时，能够清廉自持。精神奖赏型寻求解决问题的方法，创造正面的改变，他们有能力专注在自己的使命上，让团队通力合作，而且持续注意组织里的共有价值。

沮丧因素

◇无能改变的感觉

◇只在乎盈亏的公司

◇负面、有害的结果

◇危害到家庭或个人时间的事情

◇麻木不仁或只顾自己的人

十大激励因素

◇对未来的宏大愿景

◇他们觉得值得花时间，并且做得到的目标

◇个人的认可

◇觉得自己有所贡献的感受

◇肯定的回馈和诚挚的感谢

◇企业对他们热衷的目标有所贡献

◇付出的时间没有白费

◇知道自己的努力是有价值的

◇创造正面的解决方法

◇改正不公不义的情况，协助弱势无助者

奖励他们的方法

当今的员工渴望感谢与正面认可，但很少人觉得自己受到这样的肯定。研究显示，大部分的员工所获得的激励，多半都来自财务上的奖励，因此为了争取此种金钱报酬，员工也多半会大幅改进自己的表现。但精神奖赏型却认为，金钱的奖励是一种操纵，因此可能不为所动，他们较可能受到非金钱的奖赏鼓励。对精神奖赏型而言，由衷地感谢他们的努力，能让他们对组织产生忠诚，以及工作上的满足。以下是几个所费不多，但成效惊人的鼓励方式，可以让精神奖赏型知道你欣赏他们的贡献：

◎弹性工时

◎让他们自由地执行自己的想法

◎一个让他们心灵得以休憩的好地方：游戏室、阅览室、舒适的休息室、树荫下的野餐桌等

◎纪念品，或者符合他们兴趣、有意义的小礼物

◎主管亲手写的感谢卡

◎以低调而非夸张的方式，认可他们是本月最佳员工

◎让他们在决策上扮演更重要的角色

◎和主管自在地共进午餐

◎额外的假期

◎他们最爱商店的礼券

◎在公司的电子报中表扬他们的贡献

◎口头上的正面回馈意见

◎在部门会议时的真心感谢

◎有专人为这些员工及家人拍照

◎偶尔经过他们的办公室或工作岗位时，和他们轻松自在地闲谈

给精神奖赏型的建议

不要对与你意见不同的人妄下断语，或是轻蔑他们的想法。你有同情心，但你是否能容忍别人？学习如何真正欣赏别人，并且毫无条件地接受他人，尤其是生活方式和意识形态都和你不同

的人。花点时间运动、休闲，欣赏美丽的事物、艺术、大自然，听音乐，或者什么事也不做。在你努力拯救世界的同时，也不要忽略了你自己。

精神奖赏型眼中的自己

“不要为了金钱或头衔而工作，而要为了理想而工作。”

——柯林·巴瑞特（Colleen Barrett，西南航空公司总裁）

“看到妇女达成梦想，赐予了我灵感。”

——玫琳凯·艾施（Mary Kay Ash，玫琳凯化妆品公司创办人）

“不要做成功的人，要做有价值的人。”

——爱因斯坦（Albert Einstein，物理学家）

“只要我看到哪里有苦痛折磨，我就要去那里尽一己之力。”

——黛安娜王妃（Princess Diana）

“我们靠着所得维生，却靠着所施生活。”

——丘吉尔（Winston Churchill，前英国首相）

“人生有远比加快速度更重要的事。”

——圣雄甘地（Mahatma Gandhi）

“好莱坞大亨大概从来都不把我当正常人看，但我努力工作，这才是重要的。我曾任性而行、不顾后果，但并非毫无理由。”

——安吉莉娜·朱莉（Angelina Jolie，《史密斯任务》女主角）

“每个人都可以成为伟人，因为你我都可以为他人贡献服务。要奉献，无须大学学位；要奉献，不需要管文法是否一致。只要有一颗充满恩典的心、一个因爱而生的灵魂就够了。”

——马丁·路德·金（Martin Luther King, Jr，美国民权运动领袖）

“一个人性格的最佳指标，就是他如何对待对他没有任何好处的人，以及他如何对待无法还手的人。”

——范布伦（Abigail Von Buren，“亲爱的艾比”专栏作家）

“你得站起来拥护你的信念，而有时你甚至得独自站着。”

——昆恩·拉蒂法（Queen Latifah，黑人女星）

▶ 高薪是激励物质奖赏型的最佳手段

“我相信赢家得先构筑梦想，然后全心全意期盼它实现。除此之外，没有其他的实践方式了。”

——乔·蒙坦纳（Joe Montana）

在乔·蒙坦纳负责传球的那只手上，每根手指上都各有一枚超级杯冠军戒指。他四度率队打进超级杯，四度登基封王。自8岁起，他就梦想要成为美式足球明星，而获胜是让他企图心更旺盛的原因。由小联盟，到圣母大学，到三度获选超级杯MVP（最有价值球员），蒙坦纳勇往直前的精彩表现，已经成了美式足球的传奇。

蒙坦纳的绰号是“冷静的乔”，因为他在危急的关头，依旧能够从容不迫。蒙坦纳是反败为胜的大师，不论战况再怎么混乱，他依旧能保持镇定。在他漫长的职业生涯中，曾31度率队在第四节落后的情况之下反败为胜。

以1989年对辛辛那提孟加拉国国虎队的那一次超级杯为例，蒙坦纳的旧金山四九人队在倒数3分20秒时，还落后3分，许多四分卫在这样的情况下都会惊慌失措，但蒙坦纳不然，他在商讨战术时，轻松地把头转向队友，也就是擒抱员哈利斯·巴顿（Harris Barton）说："你看那边看台，站在出口坡道上那位，是不是约翰·坎迪（John Candy，加拿大谐星）？"话虽然说得轻松，却是刻意消除当时的紧张气氛。他的眼睛或许放在看台上，但心思却放在比赛里。接下来，蒙坦纳沉着地传球9次，其中有8次成功，推进了92码，在倒数34秒钟时，传出致胜的达阵球。

2000年，蒙坦纳被引进名人堂，在入堂仪式上，知名教头约翰·麦顿（John Madden）表示："我们常说'他是我见过的最棒的四分卫'，或者'无论从哪方面来看，他是最伟大的四分卫'，而我愿意承担说这句话的责任：'蒙坦纳的确是有史以来，最伟大的四分卫。'"

蒙坦纳不凡的决心，部分可归因于他重视的是物质奖赏。在体坛、商界和演艺圈，那些最机敏、最成功的人士，都是我所谓的物质奖赏型。他们是喜爱胜利的强人，不论什么比赛，他们都知道胜利的诀窍，他们创造收益的能力，也是老板奖赏他们的原因。

然而你也不要就此以为，精神奖赏型和物质奖赏型是完全相反的两种人。精神奖赏型的激励因子，是能让他们觉得自己有所贡献，但金钱报酬对他们依旧重要。反过来看，激励物质奖赏型的是成功的机会，但让他们觉得自己有所贡献，对他们也依旧具有意义，因为他们同样也希望能协助他人，参与伟大的目标，以及留下可供传颂的事迹。不过实质的利益和物质的奖励，才是让物质奖赏型觉得自己有价值、受重视的原因。

赢得奖品、获得升迁、得到高薪，是清楚衡量物质奖赏型成功与否的指标。这能让他们了解自己目前的表现，并替未来的目标定下标准。但请记住，报酬并不能衡量性格；奖赏只是一种激励的诱因，让人觉得自己受到器重。激励精神奖赏型的原因，在于贡献一己之力，而物质奖赏型也可能和精神奖赏型一样仁慈、富有同情心，以及博爱。

金钱的激励价值

要谈激励，就不得不谈到金钱。酬劳和表现是否有正向关系？更好的福利是否能保证更好的成就？金钱报酬是否能激励员工？

简单来说：是。

更详细一点的回答是：身为雇主，你或许不喜欢这点，但这的确是百分之百的真理。金钱是有力的激励动机。所有的员工，不论他们是精神奖赏型或物质奖赏型，都会受到金钱报酬的激励。对精神奖赏型而言，金钱虽然不是最主要的激励因素，但薪酬对他们来说依旧重要。如果没有适当的报酬，不论是受到哪一种因素激励的员工，都会显得意兴阑珊。

研究显示，每一个人或多或少都会受到金钱的激励。

◎根据美国一项针对2500名企业员工所做的调查，结果有91%的受访者都表示，如果公司在达到组织目标时，能够和员工分享成功的果实，那么他们会受到更多激励，更愿意协助公司达成目标。

◎一项针对逾1500位人资专员的调查显示，在采用如个人绩效奖金、团体奖金、利润分享和总额红利等福利制度的公司中，表示对员工有“正面”或“非常正面”影响的，达66%~89%。

◎一项在全美各地随机抽样，内容针对1200名不同产业和规模企业员工所做的调查显示，54%的员工认为，金钱报酬对于激励士气“非常”或“极为”重要，这点不论在哪个时代的统计上，都没有太大的差别。

◎一项针对663家企业有发放绩效奖金，且对象涵盖了130万名员工所做的研究（研究人员对每家公司的劳动力都做了极广的采样，不仅只是经理和业务人员），结果发现，公司平均每发出1美元，都可以赚得2.34美元的利润，这样的投资相当于134%的净报酬率。

在电影《甜心先生》（*Jerry Maguire*）中，汤姆·克鲁斯（Tom Cruise）饰演的主角杰瑞·马奎尔（Jerry Maguire），是被一家知名管理公司开除的运动员经纪人。电影中最精彩的一幕是，马奎尔的客户罗德·泰德威（Rod Tidwell，小古巴古丁饰）告诉马奎尔，他会继续聘请马奎尔当经纪人，而不会更换成马奎尔的竞争对手鲍伯·舒格（Bob Sugar）。两人之间的这段对话，清楚说明了金钱是激励物质奖赏型的因素。

泰德威：“我要为你做的事，就是祈祷上帝保佑你。但你要为我做什么，杰瑞？”

马奎尔：“是啊，我能为你做什么？你告诉我，我能为你做什么？”

泰德威：“这很私人，是非常重要的事——这是我们家的家训。你准备好了吗？我要确定你已经准备好了，老兄。它就是：给我钱。给——我——钱！杰瑞，这话说来真爽！来，跟我说一遍。”

马奎尔：“给你钱。”

泰德威：“不！不是给你！是给我！我要你说这话，而且说得有意义一样！喂，舒格在另外一线，我打赌你一定说得出来。”

马奎尔：“好吧。给我钱！”

泰德威：“我要感受你的真心，杰瑞！”

马奎尔：“给我钱！给我钱！”

物质奖赏型的求胜心

物质奖赏型以目标为重，充满活力。他们希望获得实际、物质上的报酬，而他们也愿意努力工作，以获取这样的成果。他们喜欢与有影响力的人共事，也敬重优异者的意见。物质奖赏型在工作时努力工作，在该游戏时尽情游戏。他们对最新的趋势非常敏锐，也希望能掌握一切。

物质奖赏型乐于加入胜利的团队，他们喜欢获得认可与受到奖励，因此也会以同样的方式回报其他人。如果物质奖赏型是领导者，他们对表现优异的部属会十分慷慨。物质奖赏型享受伴随成功而来的他人目光，以及因为身为权力核心而受到的尊重。他们喜欢担任操控全局的角色，而权力和影响力，则会让他们神采奕奕。

注意财务底线的埃斯纳

40年来，迈克尔·埃斯纳（Michael Eisner）一直是演艺娱乐界的领导人物，他的事业生涯始于美国广播公司（ABC），在黄金时段白天时段与儿童节目中，他推出如《欢乐时光》（*Happy Days*）、《巴尼·米勒》（*Barney Miller*）和《根》（*Roots*）等脍炙人口的节目，让ABC由全美第三的广播电视公司，一跃而为龙头老大。

后来他成为派拉蒙影业（Paramount Pictures）的总裁，让整家公司不论在电影票房或电视节目的制作上，都叫好叫座，票房和利润俱丰。接下来的21年，埃斯纳在迪斯尼公司担任董事长和执行长，让迪斯尼发展为全球媒体的巨擘，公司市值达600亿美元。

最近我有幸邀请埃斯纳担任“激励研讨会”的主讲人，他迷人、朴实的作风，以及掌控细节的能力——尤其是和数字与财务相关的事务，实在让我印象深刻。他精彩的演说，透露了许多信息，同时也让我们对他的物质奖赏因子有所了解。比如他谈到以下这部电影的制作内幕：

让我和你们谈谈一部大家都耳熟能详的电影《夺宝奇兵》（*Raiders of the Lost Ark*）。如今这部电影当然已经是经典之作，但我在派拉蒙同意筹拍时，并不知道观众的反应会这么好。各位或许不相信，但其他电影公司一听到内容是关于全世界走透透的考古学家，都害怕本片会成为史上拍摄成本最高的电影，而回绝了这部片子的拍摄计划。然而史蒂芬·斯皮尔伯格（Steven Spielberg）和乔治·路卡斯（George Lucas）向我们保证，他们只要极低的预算，就能完成整个拍摄过程。于是我们定下了很紧的预算，斯皮尔伯格与路卡斯也信守诺言。

一天，哈里逊·福特（Harrison Ford）——该怎么婉转地形容呢？他消化不良，眼看就要延误拍摄进度了。原本他应该和一个耍大刀的角色拍一段很长的打斗戏，但他身体不适，很想回去休息，这表示，拍摄时间又得多出一天，成本会大增。因此大家决定，就让福特掏出枪来，一枪解决坏人，这么一来，大家都能开心地回家，而电影的成本也能控制在原有的预算之内。在我们的脑力激荡之下，我们非但省了成本，而且效果比斯皮尔伯格坚持按照原剧本拍摄来得更好。因此各位可以了解到，在有限的预算内，创意依旧可以发挥得淋漓尽致。

但有时情况也可能相反，许多大成本的电影，最后也成了票房上的大灾难，就是因为它们想要用大笔的预算来取代创意，而这样做往往不会成功。其中一例，就是多年前的电影《拯救泰坦尼克号》（*Raise the Titanic*）。事后制片人路·格瑞德（Lew Grade）的结论是："让泰坦尼克号沉下去还比较便宜。"

听众深深受到埃斯纳的吸引，我尤其对他在信息中穿插数字的机灵大感讶异。他提到的统计数字包括：

◎"1996年，我们收购了CapCities/ABC公司，这笔交易也包括了ESPN有线运动节目网。分析师认为，如今光是ESPN的价值，就已经超过我们当初收购总价的两倍。"

◎"我们兴建了32间迪斯尼饭店，共有逾3万间房间，我坚持房内的灯光要明亮到可以阅读的地步，而不像某些饭店偏爱的25

瓦灯泡。”

◎“我们的团队找到了精通各种语言的歌手，他们的音质完全符合这部电影的剧情所需，而这样事必躬亲的微管理（Micromanagement），也使得《狮子王》（*The Lion King*）在美国之外的海外市场，获得了4.55亿美元的总收入，这跟整个美国市场相比，还高出整整1.25亿美元。”

◎“当我们第一次提出海盗电影的拍片计划时，许多人都担心会失败，他们主要是认为，这几十年来，没有一部海盗片成功过。当然，事后证明这是值得一试的风险，因为《加勒比海盗》（*Pirates of the Caribbean*）三部曲的全球总收入逾25亿美元。”

就是因为能够掌控细节、负起财务上的责任和适当的管理，埃斯纳成为有史以来最受敬重、最成功的执行长。这也就是职场上总激烈地争取才华洋溢的物质奖赏型的原因，因为他们是能够注意财务底线，同时又肯放手去做的行动者。

如何与他们沟通

物质奖赏型总是开诚布公，直言不讳。他们想通过有技巧的沟通，以确保信息能清楚地传达。他们通常对自我的表达能力都充满信心，然而许多物质奖赏型的聆听能力还是有待加强，他们往往需要别人倾听自己，而非自己聆听别人。

物质奖赏型认为，论功行赏相当重要，因此他们乐于肯定其他人的表现，也乐于接受因自己表现优异而得到的赞赏。大体而言，物质奖赏型喜爱接受赞美，这能使他们充满活力，也满足他们希望努力能被认可的期望。

最佳的沟通策略

◇强调好处，告诉他们这样做会对组织或个人有什么好处

◇只要他们有优异的表现，就立刻赞美

◇在同侪面前赞扬他们的表现

◇针对困难的挑战，提供丰厚的奖励

◇一有机会就肯定他们的才能和贡献

追求结果的思考模式

物质奖赏型重视财务底线，他们想在投入时间和精力之前，先知道可能会有什么后果。如果你告诉他们某些事是行不通的，他们就可能会为了要证明你错了而去做。物质奖赏型喜欢表现，他们完成工作的动机，往往是因为他们相信，自己的成就会获得认可和奖赏；他们追求成就感，认为自己是追求成功的人，因此重要的不只是他们做的事，而是这能代表他们是谁。

实质的财物，是衡量物质奖赏型成功与否的标准，因此薪酬和津贴是激励他们工作的极大诱因。他们重视成功，并赞赏能够成功的人。物质奖赏型期望获得升迁，期待自己能影响决策。他们喜欢借由工作，表达自己的创意和想法，并且主导整个局面。物质奖赏型急于求胜，而且是愈快愈好；奖赏愈大，他们就愈希望能早日得到。他们对于工作非常努力，也希望自己的表现能获得认可。

可能的强项

◇对挑战跃跃欲试

◇富有进取心，足智多谋

◇以目标为重

◇如果有极大的利益，就不愿放弃

◇坚定而勤奋

◇期望自己的表现是最优异的

可能的缺点

◇较为挑剔，如果他们的努力未受注意，或者没有得到回报，他们就会感到失望

◇需要持续的肯定，这会让与他们共事或同住的人不胜其烦

◇表现优异的物质奖赏型如果在组织中无法获得赏识，可能就会去寻找其他机会，而不会继续留任。但是，物质奖赏型要是只为了高报酬，而去做他们不喜欢的工作时，往往也不会感到满意

◇由于喜欢听到赞美，因此很容易就自认为是“英雄”，他们成功时，往往不可一世，必须时常有人提醒他们，才能不过度自我膨胀

◇可能会自负傲慢，并且把自己的贡献看得比其他人都重大

◇只顾奖励，并埋头苦干，忽略该放慢或退后一步的信号

◇要物质奖赏型承认失败非常困难，他们可能会太过专心一意，只求前进，即使牺牲健康、休闲时间和人际关系，也在所不惜

职场中的前锋

物质奖赏型需要在事业生涯上有升迁的机会，如果这些机会消失，他们的工作动力就会随之消散。他们渴望在组织里扮演重要角色，希望能拥有愈来愈大的影响力。物质奖赏型期望自己的能力获得上级的认可和验证，喜欢主管嘉许他们的表现，让同僚知道他们把工作做得多好。

只要物质奖赏型能预见最后的成果和奖赏，他们就不在意需要付出多大的努力，或者这份工作有多么困难，他们乐于享受每天工作完成之后的成就感。物质奖赏型勤奋努力，雄心勃勃，他们要知道自己表现优异，也希望大家注意到他们在组织目标中所扮演的角色。

物质奖赏型喜欢在乐于赞扬成功的环境之下工作，他们期待自己的想法和意见会被主管考虑采纳，也期待能顺利得到完成工作所需的人力、工具和信息。

物质奖赏型从事某项工作的主要原因，是要引人瞩目、受到注意，并且期望表现优异，获得成功。他们不喜欢“只是尽到本分”这样的工作态度，长年不变地做同样的工作，不合他们的胃口，他们期望在知识和责任上都有所长进，也希望工作能提供机会，让他们获得更大的权力、名望、利益和薪酬。简言之，他们希望自己的成功，能使他们在薪水或职位上获得奖赏，且最好两者兼具。

共事原则

◇认可他们的成就，并且公开表扬

◇为困难的目标定下诱人的奖励

◇请他们参与管理事务

◇定期评估他们的表现，并回馈意见

◇以实质方式奖励他们的成就

◇确定他们了解自己的薪酬计划，也知道如何在组织内获得升迁

◇给他们领导的机会

喜欢照顾人的老大性格

实质的环境和舒适的设备，对物质奖赏型来说很重要，他们欣赏生命中美好的事物，也喜欢在下班之后，和亲友共享工作上带来的福利。他们乐于挥霍，以庆祝自己的成功和他们所爱者的成就。美食、欣赏体育比赛、购物和到旅游胜地度假，都是他们喜欢的休闲活动。

大规模的生产制作过程、辉煌壮丽的景观和杰出的执行力，都能鼓舞物质奖赏型；宏伟壮观往往会刺激他们，不论那是富丽堂皇的建筑、教人屏气凝神的大自然美景，或者精彩的盛会。物质奖赏型喜欢看到杰出的表现和破纪录的胜利。百尺竿头更进一步的成就，让他们在工作中和休闲时都获得活力。

物质奖赏型希望家人能得到良好照顾，也喜欢让他们所爱的人生活舒适。物质奖赏型需要受到欣赏尊重，也喜欢别人钦佩他们的表现。物质奖赏型以自身的魅力、领导力、地位和成功来追求伴侣，他们希望对方能在他们开玩笑时开怀大笑，尊重他们的能力，肯定他们的特质。物质奖赏型重视外在，容易受到美丽的人吸引；

内在虽然也很重要，但外在才是吸引他们注意的首要原因。

如何化解和他们的冲突

在遭到挑战与质疑时，物质奖赏型会采取坚定的立场，他们知道自己要什么，并且下定决心要得到。他们比较容易运用权力地位做事，如此可以显示他们优越的技巧或阶级。和物质奖赏型争论时，即使你非常气愤，依旧要保持对他们的尊重。物质奖赏型很在意别人如何看待他们，并希望别人看到的是自己最好的一面。

要化解物质奖赏型的愤怒，你应该先指出他们的优点："我知道你一直是个理性、公平的人，工作能力很强，总是和他人处得很好。"接着，请表现出乐于折中妥协的态度，问问对方最重要的是什么，他愿意采用哪些解决方式，然后再谈该如何得到他们想要的结果。

物质奖赏型如何影响他人

物质奖赏型以追求卓越的热情、求胜的决心，以及创造高生产力的气氛，来影响别人。如果给予物质奖赏型适当的激励，他们就能消除组织里的各种限制或障碍。他们能被当成范例，激励团队里的其他成员，让大家的表现都有所进步。物质奖赏型在表现最佳的情况下，非但充满活力、努力追求成就，而且他们坚定的决心和对目标的专注，也能够提升企业的获利。

沮丧因素

◇为工作而工作

◇没有获得任务上的职权

◇没有明确的报酬或利益

十大激励因素

◇金钱报酬

◇主管的赏识

◇升迁或者擢升的机会

◇特权

◇鼓励生产的红利计划

◇免除控制和监督的自由

◇额外的福利，例如有薪休假、育儿津贴、学费补助

◇奖金

◇专为杰出成就而设的奖状、奖牌和奖杯

◇公开的赞扬

金钱以外的奖励方法

金钱绝不能取代良好的管理，但金钱对物质奖赏型和其他员工来说，都是很好的激励因素。在资源有限的环境里，你或许无法提供物质奖赏型想要的一切（老实说，他们什么都想要），但你若无法让表现优异的物质奖赏型得到较高的薪酬或升迁，就该以其他的方式弥补。物质奖赏型想要金钱或升迁的原因，不是为了这些事物本身，而是因为这是明确的成功指标，让他们足以向其他人证明：他们是赢家。如果你无法给物质奖赏型更多金钱，就该给予他们渴

望的其他事物：地位、尊重和公开的赞扬。以下是你可以用来赞扬和激励物质奖赏型的一些方法：

◎更有威望的职衔

◎让他们施展管理才能的领导机会

◎有视野、有景观的办公室

◎邀请他们参与主管会议或和主管共进午餐

◎专属停车位

◎运动比赛的绝佳座位

◎时尚新工具，例如最新最好的手机、手提电脑，或PDA

◎奢侈品，比如刻上姓名的万宝龙笔

◎安排委办服务，例如由专人来收他们要干洗的衣服，或代他们跑腿、买礼物

给物质奖赏型的建议

你知道自己才华洋溢，但记得要把成就归功于大家。征询同事的意见，而且要乐于接受批评指教。不要为了追求事业目标，而牺牲你的私人生活；承认自己也有能力不足的时候，不要忽略筋疲力尽的迹象。留点时间给你的另一半，并且多陪陪你的孩子；记住，孩子很快就会长大。

物质奖赏型眼中的自己

"我每天早上起床，就会浏览《福布斯》（*Forbes*）杂志列出的美国富豪名单，如果我的名字不在上面，我就会去工作。"

——罗伯特·欧本（Robert Orben，美国幽默作家）

“身为球员，能进名人堂就是登峰造极了。但老天……赢得超级杯对我来说依旧意义非凡。”

——泰瑞·布莱德萧（Terry Bradshaw，美式足球著名四分卫）

“权力是最好的春药。”

——亨利·基辛格（Henry Kissinger，美国前国务卿）

“演艺圈人人都相当自负，因此你怎么可能放下名气，到7-Eleven打工？你做不来的！”

——雷恩·西奎斯特

（Ryan Seacrest，《美国偶像》节目主持人）

“能自创工作的女人，就是能获得名利的女人。”

——艾米莉亚·埃艾哈特

（Amelia Earhart，第一位独自飞越大西洋的女飞行员）

“精神上的小气吝啬，促使人们以为没钱就会快乐。”

——艾伯特·加缪（Albert Camus，存在主义大师）

“几乎人人都可成为作家，重点是如何求名求利。”

——米恩（A. A. Milne，《小熊维尼》系列故事作家）

“富有比贫穷好，光就财务而言。”

——伍迪·艾伦（Woody Allen，美国导演）

“名气就像一张贵宾证，可以通往任何你想去的地方。”

——李奥纳多·迪卡普里奥

（Leonardo DiCaprio，《泰坦尼克号》男主角）

“如果赢球不重要，那还计分做什么？”

——文斯·隆巴迪（Vince Lombardi，著名美式足球教练）

“我就是想要钱、要名、要大家崇拜，其他我一概不要。”

——马修·布罗德里克（Matthew Broderick，名演员）

“获胜是我毕生最重要的事，仅次于呼吸；呼吸第一，赢球第二。”

——乔治·史坦布莱纳（George Steinbrenner，纽约洋基大老板）

“我早就知道自己一定会富有，我对此从不怀疑。”

——巴菲特（Warren Buffett，股神）

Get Motivated 激励

PART ❸ 好孩子是激励出来的

· 家有小野兽的两个时期

· 家有小大人的两个时期

· 培养出乐于学习的孩子

▶ 家有小野兽的两个时期

你是否厌烦了唠叨儿女要他们收拾玩具？啰唆不停要他们赶快做功课？你是否受不了自己不断重复同样的话？你想不想知道培养儿女自动自发的秘密？如果想，那么本书的第三部分就是为你而写。

若你身为父母，那么光是这一部分，就是整本书的精华所在。下列章节将会改变你和你儿女的生活。如果你读完本部分，也和我有同感，请把这本书和其他家长与老师分享。如果有更多的家长能够了解这些内容，就会有更多的孩子获益。

在我们一一探讨孩子的各个成长时期，我会指出，为人父母者在每个阶段最优先的事项，也会说明每个阶段最迫切的相关问题。比如，以下是我经常听到父母和师长提出的问题：

◎我该怎么协助孩子在学校的表现？

◎我该如何激励孩子更合群、更听话？

◎我该怎么让孩子负起责任，协助处理家务？

◎和孩子沟通最有效的方式是什么？

在接下来的章节中，我将会回答这些问题。当然，基本的东西永远不会改变，孩子需要爱、肯定及鼓励，并渴望我们的时间和注意，此外他们也需要游戏和乐趣。孩子们有自己的想法，渴望道德的指引，他们需要情感、安定，以及和乐的家庭。父母及师长必须和孩子同在——不只是身体，情感上亦然。

孩子一般可分为两种，一种是顺从的关系导向型，另一种则是喜欢挑战限制的任务导向型。我在第一部分已经说明，我的孩子分属两者。布莱兹总是心满意足、脾气随和，乐于合作；他喜欢取悦别人，偶尔当我需要纠正他时，我只要说："儿子，你得听妈妈的话。"他就会听话。布莱兹生性服从，任何人都可以轻松地教养他。但我的大儿子柴克，则是个考验你机智的美好挑战。在本书这一部分，我将探讨激励儿童时会面临的挑战，并以柴克为例，来作说明。

需要你保护、教导的婴幼儿期

就在分娩完几个小时，我先生和我就获准带初生的老大回家，教我惊吓不已。我向护士说："这样就好了吗？我们只要给宝宝穿上尿布和衣服，就可以走了？不需要领个执照或者上个教养课程吗？"她微笑说："不用，只要小心别让他戕害自己，不要让他把豆子放进耳朵、铜板放进嘴里、圆珠笔戳进鼻子就好了。别让他跌下楼梯，也不要让他用金属物体去乱碰电源插座。"

在经历最初的欢喜、兴奋、震惊和畏怯之后，这阶段父母最常见的问题，往往来自照顾小孩时，难以想象的筋疲力尽。

Q：*我做了什么？以后会比较轻松吗？这苦差事会结束吗？*

A：会，会渐入佳境，但不，不会结束。

一旦你适应了睡眠老是被剥夺的酷刑，你就学会了如何拖着那不可或缺且重达30公斤的装备，一连数天，连冲个澡的机会都没有，只为了照顾那4公斤的婴儿。你也学会了如何为自己挑选比较不容易脏的衣服，让别人看不出来你身上有宝宝吐奶的痕迹。不过这才只是开始。

保护和纠正是第一要务

在婴幼儿期（从出生到3岁），我们的责任是保护和纠正孩子。我的重点是，我们得注意孩子成长的每一个阶段，尤其在他们还太小，无法顺利表达自己想法的时候。身为父母的我们，在这个阶段的第一要务，就是保护孩子。

其次，我们必须教导子女，让他们由爱哭爱闹的小野兽，进化为在公共场合不用你连连道歉的乖孩子。这就是接下来激励课程的内容：规范。孩子需要规范，而这些规范就是出于爱。

彼得和我初建新屋时，约有一周的时间，二楼的阳台上没有栏杆。孩子们再三恳求到阳台上去玩，并且保证绝不会到边界去，但我们当然说不。就像我们不准孩子去没有栏杆的阳台上玩耍一样，我们也不能容许，他们在人生中没有界限或分际。日常生活中的规则，就像阳台上的栏杆一样，能够让孩子安全，而我们替他们设下的界限，也让他们感到自己被爱、安全，受到保护。

不要害怕对孩子说“不”

“不”这个字，简洁美丽，你大可不必害怕对子女说出这个字。我的老二布莱兹3岁时，我带他去沃尔玛（Wal-Mart）购物。正在排队结账时，我们看到一位母亲和她学龄前的儿子为了玩具而争吵。孩子想要某个玩具，但妈妈不准他买，这个小男孩躺在地上尖声大叫，好像眼睛被尖锐的东西戳到一样，双脚乱踢，两只手胡乱挥舞，让这位母亲十分难为情，而我儿子则是看得目瞪口呆。

最后布莱兹问我："妈妈，那男孩怎么了？"

我说："他在发脾气。"

布莱兹好奇地问道："那是什么意思？"

我说："就是小孩尖声叫嚷，想要大人照他的意思做。"

布莱兹想了一会儿后说："那个孩子想要得到他想要的结果。"

这时，那位母亲为了安抚那位哭闹的小男孩，告诉他，她会买玩具。

我说："对，他会得到他要的结果了，他母亲也是。"

不幸的是，这母亲得到的结果，就是一位被宠坏的小男孩。3岁的孩子发脾气是一回事，但同样的脾气到13岁，就是截然不同的另外一回事。请将这点谨记在心，因为这在你所有的人际关系都一样：如果你容忍，就只会得到更多同样的结果。

如果你不喜欢某项行为，就绝对不能继续容忍。婴儿哭、幼儿闹，这在婴幼儿时期是很正常的行为，但为人父母者就得有父母的样子，务必拿出勇气，耐心地纠正，慈爱地教导他们纪律。

柴克3岁时，只要一不顺心，就会愤愤不平地说："你让我不快乐！"

我会回答说："我的工作不是让你快乐，我的工作是爱你、保护你，我得负责教你做个循规蹈矩的人和守法的好公民。而且你知道吗？我觉得我做得很好！你正在变成一个好孩子。"

同样的话听了几十次之后，柴克就不再期望我让他快乐。看到这里，你可能会想，我到现在都还没教你怎么激励子女。没错，我所做的是要鼓励你当个目标明确、行动积极的父母，而这样的父母就会培养出目标明确、行动积极的儿女。

我可以为你先开点预防药：教导你的孩子尊重他人、服从权威、遵守规则、有责任心、有礼貌、仁慈、慷慨和忠实。如此一来，在他们长大之后，你就可以不必再激励他们。

再次提醒：目标明确、行动积极的父母，就会培养出目标明确、行动积极的儿女。

最有用的教养书籍

我在部分章节会提供有效的资源，也许是书籍、录像录音带或电脑软件等，全都是经过我个人筛选的。依我之见，最有用的教养书籍，是由下列5位作者所著：拥有8名子女的小儿科医师威廉·西尔斯（William Sears）及其妻子马莎·西尔斯（Martha Sears）；儿童心理学家詹姆斯·杜布森博士（Dr. James Dobson）；教养专家盖瑞·艾卓（Gary Ezzo）和安玛莉·艾卓（Anne Marie Ezzo）。这5位专家总共写了上百本书。

艾氏夫妇的书，提供了如何训练幼儿有礼貌、守秩序的有用信息，我用他们书中的内容，教导两个孩子在还没学会说话前用手语沟通。我的孩子会用手语说“请”“谢谢”“还要”“吃饭”“喝水”和其他简单的言语。我推荐的这几位作者，对每一个教养问题，从训练如厕，到培养意志坚强的子女，到教养男女孩不同的方法，都著有专门的书籍说明。这些书籍内容丰富、文笔精彩，并且提供许多实用的信息。

需要你欣赏、肯定的童年期

为人父母最轻松的时期，是孩子在4~11岁之间的童年期。婴幼儿期已过，孩子可以自己穿衣，不再像以往那么依赖你照顾他们的生活起居。你有8年的缓冲期，可以准备迎接青少年时光的来临。这是孩子青春期开始前，你拥抱他们，和他们亲密相依、一起玩耍，创造回忆的最后一段时光。

Q：我该怎么激励孩子协助家事，并让他们自动自发整理自己的房间？

A：我会提供一些可以协助你的资源，但首先让我们专心看最重要的一件事——游戏！

我相信，童年期最重要的两项激励因素就是：游戏和糖。对于这两者，没有一个孩子不是觉得多多益善。由于我们家是两个儿子，因此游戏主题总是绕着攻击战斗打转：玩具刀决斗、光剑战斗、喷气彩带战、火神枪战、橡皮球打斗——男生总是喜欢把任何玩具都变成武器。

为人父母的恩赐之一就是，我们经由子女的童年，再度体验到童年的欢乐。我们可以观察蚂蚁、吹泡泡、躺在雪地里、指绘、玩棒球，做各式各样精彩有趣的儿童游戏。请享受这种乐趣，并拨点时间和你的子女一起玩耍。

这个时期你该做的事

赞美孩子的优点。协助你的子女找出他们的才华。让他们参与形形色色的运动竞赛、文艺活动，获得各种教育经验，收集各种知识。当你看出他们的兴趣所在，请鼓励他们参与，协助他们磨炼自己的天赋，不断地肯定他们的个性、才华和能力。如果他们遇到挫折，也不要急着插手，让他们自行体会，并找出解决方法。若他们知道自己可以找到答案，就能建立起自信。

提供稳定的环境。确定你的家里长幼有序，气氛和谐。不要在孩子面前争吵；此外，在我家里，你绝对看不到电视中会播放对大人不恭敬的节目。“哦，塔玛拉，这太严格了。”你可能会这么说。没错，我很严格，但我家里很平静，我的孩子对大人总是很恭敬，他们不会互相辱骂，也不会互相批评。

全家一起共进晚餐。包括哈佛大学和哥伦比亚大学在内的诸多研究，结果都显示，每周和家人一起吃饭至少5次的孩子，在学校的成绩比较优异，也较不会嗑药成瘾。每周和家人共进晚餐5次以上的青少年，饮酒的概率减少42%、吸烟的概率减少59%、吸食大麻的概率更减少66%。全家人经常聚餐，更减少了青少年忧郁、自杀的事件，女孩较少有饮食失调的毛病，青少年性行为更大幅降低。

我很清楚全家人共进晚餐的困难。我的孩子课后常参加运动，我们夫妻俩都上班，而我每个月还会出差数次，全家人共进晚餐并不容易，但我们夫妻把这视为第一要务，每周至少会拨出5天一起共进晚餐。

每周两次，我们会在晚餐后举行“家庭娱乐之夜”，大家一起吃甜点，读书，聊聊运动赛事、新闻和政治议题，并且和孩子们下棋或玩大富翁游戏。最有趣的一部分是“当日愤怒大爆炸”，大家说出（通常都添油加醋）最泄气的经验。孩子们都期待“家庭娱乐之夜”，因为这是大家相互培养默契的美好时光。

爱的字条。从孩子会认字开始，我就写爱的字条给他们。有时我会在他们的枕头上留下一张小卡片，或者写几句鼓励的话，塞进他们的午餐盒，字条或卡片通常都是几个句子，比如：

“你很用功，考试表现一定会很棒！”

“我真为你骄傲，你是个好儿子！”

“今天放学后，妈妈有个惊喜给你——我们去打保龄球！”

我用简单几笔画出自己的模样，然后用这个图签名。

等孩子长大一点，大约8岁的样子，在他们有特殊表现时，我就会写封长约一页的信鼓励他们。孩子们很珍惜这些信，把它们珍藏保留，只要得到信的那天，他们就很开心。我会在下一章和大家分享几封信的内容，我鼓励大家写这样的字条给孩子，这非但意义非凡，而且也是肯定你有多爱他们的好方式。

创造回忆。烤饼干、一起去游园会、骑脚踏车、野餐、一起参加运动，庆祝家族中延续下来的传统，准备家传食谱，把宗教习俗融入你家里。一年一度的传统节庆对孩子来说非常重要，庆祝情人节、制作姜饼屋、犹太人光明节玩的陀螺游戏、画复活节彩蛋——这些仪式对孩子有举足轻重的意义。

在我们家，只要孩子成绩、态度或行为有大幅进步，我们就会举行“更上一层楼”的庆祝仪式，在墙壁挂上“恭喜”旗帜，戴上高帽子，并且做一个你毕生所见最高的巧克力脆片煎饼！

规范孩子的两大工具

1. **家长防护网软件。**我们全都知道性变态和色情网站的危险性，有些软件可以提供更多的保护，让你控管网站内容、拦截不当的网站、过滤电子邮件、阻挡弹出式的广告、管理聊天室。你家里的每一台电脑都该有这种过滤功能，我建议你上网比较最新软件的评价，选择一个，然后安装到电脑里。

2. **累计点数，换取特权。**我推荐的另一项工具，可以在www.easychild.com找到，这是一个奖励正面行为、消除负面行为的系统，孩子们可以通过每周累计的点数，来计算自己可以得到的特权。不用1小时的时间，你就可以依据自己的需要，重设这套系统，以后每周只需要15分钟，就可以算出结果。孩子会了解，如果他们该做的事项都有做到，就可以得到特权。大约3周之后，孩子就会改变行为模式，不再为了要得到什么而和你争论。你也可以运用这个程序内建的“零用钱”特色，定出每点相当于多少金钱价值，然后计算出实质的零用钱。

家有小大人的两个时期

现在让我们谈谈该如何激励青少年和成年子女，并从孩子的第三个阶段，狂飙的青少年岁月开始。

许多家长告诉我，他们的青少年子女非常被动，我通常会质疑这个说法，我会说：“其实这些青少年非常主动，他们会自动自发做他们想做的事：看电视、听音乐、上网、发短信或者和朋友讲电话、购物、打电玩！”

问题就在这里，你要如何激励青少年做你要他们做的事？我认为，我们可能问错了问题。身为青少年的父母、祖父母和师长，我们的职责不是要他们去做他们不想做的事，而是要协助青少年顺利度过这段岁月，为成年做好准备。

需要你倾听的青少年期

心理学者詹姆斯·杜布森（James Dobson）博士用湍急且满

是鳄鱼的河流，来形容青少年（12~19岁）时光。他说，我们的孩子驾着一艘小小的独木舟，在这条波涛汹涌的河里漂流，我们为人父母的责任，不是用一些无关紧要的问题来摇晃这艘独木舟。因此，不要去理会他们乱七八糟的房间——关上房门吧，你该省下精力在关于安全和道德的重要事项上。

Q：我该如何激励青少年子女，为自己的行为负责，并以尊重他人的方式，和其他人沟通？

A：系上安全带，现在真正的任务来了。

不久前，我在一次全美青少年集会上演讲，会中有数千名青少年听众。会后一群少女来找我，其中一个说：“我们想要跟你说，你和我们先前看过的其他人都不同，你能和我们这一代沟通。”我认为这是我这辈子得到的最大的恭维。

这个时期你该做的事

和青少年沟通是一种艺术。家长很容易在不知不觉间就成为“纠正机器”，不断地批评、建议、要求和责难，老是面对这样的责备，难怪青少年总沉默寡言，老是绷着一张脸。以下的沟通诀窍，主要是取材自阿戴尔·法伯（Adele Faber）和伊莱恩·玛兹丽施（Elaine Mazlish）合著的《如何说孩子才会听，怎么听孩子才肯说》（*How to Talk So Teens Will Listen and Listen So Teens Will Talk*）：

只要倾听，而不要给负面的评论。青少年并不想要你解决他们所有的问题，他们只是想要有人倾听，聆听能让他们觉得有人了解自己；此外，也不要反驳他们的意见或批评他们的判断。

以礼貌、尊重的态度和青少年谈话。表达你的不快和恼怒并不能促进沟通，反而会使青少年以他们自己的愤怒和挫折响应你。

以非文字的方式沟通。当你的青少年子女在说话时，你可以只用语气词来认可他们的情绪。你可以不时插进“嗯”、“对”、“唔”、“哇”、“噢”等，鼓励他们继续往下说。这需要一些练习，但的确很有效。

要简短。长篇大论只会让青少年不愿再继续沟通。如果你和孩子起冲突，最好用书面的方式，写下你的反对意见及理由。这能缓和双方的情绪，让孩子有更好的响应。

与其唠叨不停，不如用一个字取代。比如孩子不在房间的时候依旧把灯开着，此时你与其唠叨说家里不是电力公司，不如光说：“灯！”你会发现单字对孩子有多好用，这能让你以更小的怒气，达到更好的效果。

每个孩子都有不同的沟通方式

我曾在第一章谈到，我和柴克冲突了好几年，几乎日日以泪洗面，但后来我却发现问题不在孩子，而在我身上。柴克〔典型的PSE（秘书长）〕喜欢面对挑战，而要激励他，我得了解他坚强的个性，并且运用这一点。我得尊重他正在发展的领导能力，给他层次分明的自由。

柴克主要的激励因子是任务导向，他最大的欲望是控制。和一个喜欢支配一切的孩子相处，可能非常困难，因为他（她）尚未发展的领导潜能，可能会显得跋扈、挑剔、讨厌。等我了解柴克的激励类型之后，我改变了教养方式，结果非常惊人。在前面的章节中，你已经了解了六种不同的激励因子，这应该能让你辨识出子女的激励类型，而你一旦确定孩子的激励DNA，这对于你教养他们，就有极大的好处。

另外值得一提的是，教养个性坚强的孩子固然困难，教养听话的孩子同样有它的挑战。如果你的子女体贴、乖巧、听话，那么父母亲可能会比较轻松，但我们不能因此就让听话的孩子自生自灭，依旧得鼓励他们拿出最好的表现。和孩子互动，并给予肯定，依旧是鼓励他们成功的重要因素。乖巧的孩子可能会产生的问题，多半来自同伴压力，因为他们需要取悦别人，因此往往会听从众人的意见，无法意志坚定地反对。我们该教导听话的孩子如何站稳立场，在适当的时候，就要说“不”。

每个孩子都是不同的个体，因此我们和他们的互动，也不可能采取以不变应万变的方式。即使你对每一个子女的爱都相同，依旧得以不同的方式对待他们。父母亲的基本原则不会改变，但实际的做法却不得不变。也就是说，我们的核心价值应该保持一致，但我们和子女沟通的方式却应该因人而异，如此才能达到最佳的激励效果。

和孩子保持良好关系

沟通是和孩子保持关系的必要条件，另一个和孩子保持关系的方法，是参与他们的运动比赛和表演活动。这对青少年的重要性毋庸置疑，即使父母出现时，孩子们会显得困窘忸怩，但私底下却会因为父母前来而雀跃不已。你的参与，证明了你很在意他们的兴趣，而且你也为他们感到骄傲；若你缺席，则会造成彼此的距离和疏离。

我的父母亲就在我的生活中缺席，他们俩都是工作勤奋的商界人士，有许多很好的特质，但在我青少年时期，他们却缺了席。他们没有参与我的成长过程、学校活动，也不认识我的朋友。我为自己的行为负起责任，但有时我也不免会想，如果父母多参与我的生活，我是否还会嗑药或者辍学。以我的例子为警惕，要扮演好父母亲的角色，最少得要随时知道孩子的生活。

你该认识你青少年子女的朋友，以及这些朋友的家庭背景。认识孩子的老师，了解孩子在学校学到了什么，留心孩子的娱乐嗜好。他们看的是哪些电影和电视节目？他们上网时都在浏览哪些网站？他们的iPod里都下载了些什么歌曲？

几年前，柴克想要和朋友去看某一部电影，我上网看了影评，决定不让他去。他当然不太高兴。

柴克抱怨道："但是，妈，为什么我不能去？其他爸妈都让他们的孩子去看。"

我说："你可以看些别的电影，但这部片子没有品位，而且还有许多性暗示。"

柴克反驳说："你以为我看了这部电影，就会发生性行为，违法乱纪？"

我说："不是，我并没有这样想，柴克，那不是我的重点。老实说，这部电影任何年龄的人都不适合去看，它根本就不是好片子。你可能看到一半就想离开，但你真的会起身走出去，然后把你的朋友单独留在电影院里？我相信未来你会这样做，但我不确定你现在有没有那么成熟。"

柴克安静下来。我在无意间击中他的要害，我挑战他站上更新一层的领导阶级，而他也尊重这点。

教养青少年的三大工具

1. **Plugged In**。我曾经使用过几个影评网站，但我最爱的是Plugged In（www.pluggedinonline.com）。这个网站仔细分析电影内容，告诉你片中任何有关暴力、性、脏话、嗑药、饮酒相关的镜头，正反面的意见都包括在内。Plugged In并不推荐影片，但提供足够的信息，协助家长了解影片是否符合他们的标准。

2. **GPS卫星定位追踪系统**。青少年开始会开车时，父母亲就会开始担心，这是有原因的。年轻人在16~20岁之间，平均会发生3次车祸，青少年最主要的死因就是车祸。而且青少年驾驶人在车祸中丧命的概率，是一般人的4倍。因为这些原因，所以我的建议是，如果负担得起，最好为这些驾驶新手装上GPS卫星定位追踪系统，这能协助你监控你的青少年驾驶人。这些系统让你可以借由电话或电脑，找出你的青少年驾驶人目前在哪里，去过哪些地方。如果驾驶速度超过你设的速限，或车子被开到你禁止的地方，你也会收到简讯。

3. **纸和笔**。父母亲写下的卡片、便条和信，会对孩子们造成极大影响。以柴克为例，书面写下的文字对他很有效果。柴克很早熟，我原本以为，青少年要到13岁才会开始顶嘴反抗，但柴克10岁就开始叛逆。

柴克11岁时，和我说他想要交女朋友，教我目瞪口呆。他一再吵着要我们准许他带女孩去看电影或吃饭，才11岁！我说："儿子，你要的这一切最后都会实现，但不能像你想要的这么早、这么快。你会获准和女生约会或开车，你会得到自由，你会有自己的公寓，离家自立。你想要的一切都会成真，但你可能会觉得它来得太慢。抱歉，我很希望能为你加快速度进行，但我办不到；成长要时间，你要负起责任，才能享受特权。"

以下是两封我写给柴克的信，是我当母亲最困难却最美好的时刻。我想向柴克说声谢谢，因为他愿意让我把这些信与各位分享。

谈接受纠正（12岁）

亲爱的柴克：

长期以来，你的言行都表现良好，因此得到这封信。感谢你为成长所作的努力，我们看到你尽心要打破害羞的陷阱，而你的确成功了。你能在自信中成长，实在让人惊讶，我们都非常感动。

我们知道，成长并不容易，12岁的压力可能极大。而且现在要你以成熟的方式接受纠正还不容易，大部分的成人甚至连学都没学过。但你努力改正自己的个性，而且已经可以看出成果——你有很好的个性、仁慈的心肠和慷慨的精神。

我们的朋友常常赞美你的行为举止，我们很为你的沉着镇定，以及你在大人面前所展现出的礼貌而感到骄傲，这能让你终生受用无穷，因为这世上有太多人不知如何得体地应对进退了。

你再一次让我们惊讶，因为你的确有很惊人的能力，可以改变和成长，这是一个人能拥有的最好资产，而你也得到了。

我们爱你，也以你为荣！

妈妈

谈成熟（13岁）

不可思议、聪明、英俊、美好的少年：

你知道的，我对你非常满意时，就会写信给你。这封信绝对是你应得的，你卓越的态度让爸爸和我都惊喜不已，你当然应该更上一层楼。

努力念书，协助家务，以哥哥的身份鼓励弟弟布莱兹，以及作出明智的决定，这一切在我们眼中是多么美好！不止这些，而且我并没有夸张，我非常高兴看到你受邀参加数学进阶班，你的努力没有白费。你用功提升成绩，而且老师也注意到这点，你让我感到非常欣慰！

你的开朗、亲密和可爱，一直教爸爸和我相当欢喜，我也很高兴看到你对待女生都很明智冷静。跟一年前比起来，你已经有了很大的转变，你是最优秀的领导人物，能让其他人的优点都表现出来。任何人都可以领导别人反抗，但唯有坚强有力的人——真正的男人，才能领导别人走向正面积极的方向，我为你这个儿子满怀骄傲。

爱你、欣赏你和尊重你的妈妈

需要你友谊的青年期

家有已成年子女（20~25岁）的父母，我们的工作是要放手让他们飞翔。我向你保证，虽然你让孩子自由飞翔，但他们依旧需要你；青年儿女需要你的友谊、智慧、协助和信赖。讽刺的是，他们要的，正是他们还是青少年时尽力逃避的一切。

Q：现在该怎么办？

A：欣赏你努力伴随他们成长的成果，赞美如今长大成人的孩子。

我有幸在这多年间指导许多青少年和青年，其中许多就像我自己的子女一样，看到他们长大成为成功的人物，实在让人欣喜。在这个阶段，身为家长的我们转换了新的角色，现在该是让子女自行作决定的时候了。

尊重你的孩子，把他们当成负责任的人，唯有在孩子要求时才提供建议。你的子女可能和你有不同的品位和价值观，但你该避免批评他们的选择。尊重孩子的隐私和拥有个人生活的需要，你不可能再无微不至地保护已经成年的子女，他们得自立自强。在他们蹒跚地走了几步之后，你会发现，他们光靠自己也可以走得很好。

每个孩子都是独特的挑战，这在他们成长的每一个阶段亦然。我真希望自己能告诉各位一条快捷方式："只要做这一件事，你的子女就能终生自动自发。"抱歉，这不可能。教养自动自发的孩子需要父母扛下重责，如果我们想要教养出更优秀的孩子，就得站出来，当个更好的父母。

十本个人成长畅销书

◇《你的水桶有多满？》（*How Full Is Your Bucket?*），汤姆·莱斯（Tom Rath）与唐诺·克里夫顿（Donald O. Clifton）合著

◇《从内做起：发展自己的领导力》（*Developing the Leader Within You*），约翰·马克斯韦尔（John Maxwell）著

◇《转败为胜》（*Failing Forward*），约翰·马克斯韦尔著

◇《谁动了我的奶酪？》（*Who Moved My Cheese?*），斯宾塞·约翰逊（Spenser Johnson）著

◇《与领导有约》（*Principle-Centered Leadership*），史蒂芬·柯维著

◇《人性的弱点》（*How to Win Friends and Influence People*），戴尔·卡耐基（Dale Carnegie）著

◇《积极生活的力量》（*Thc Power of Positive Living*），诺曼·文生·皮尔著

◇《登峰造极》（*Top Performance*），金克拉著

◇《超时空礼物》（*The Traveler Gift*），安迪·安德鲁斯（Andy Andrews）著

◇《目标成功》（*Destination Success*），戴特·贝恩（Dwight Bain）著

培养出乐于学习的孩子

你可知道，80%的人在高中或大学毕业之后，终生不再购买或阅读任何一本书？这样的数字实在令人感到悲哀，因为这意味的是，我们的教育方式让孩子痛恨学习。我宁可子女在学校学到的是对学习的热爱，而非知识的累积。

提升孩子学习力的五大关键

身为师长，我们的任务是培养孩子对于学习的热忱，以及获得在学业成就上所需的技巧。只要即刻开始，永远不会嫌太早或太晚。该怎么激励孩子学习、做功课，获取更好的成绩？本章将介绍五个关键，让你的子女获得学业成功之钥。

我是一位家长，也是一名老师，我教过各种年纪的孩子，从学龄前到研究所都有，现在则教导世界各地的老师和教育工作者。我在全美各地担任大学客座教授，而且因为我自己曾经只念到八年级就辍学，因此对此深感荣幸。这些年来，我继续念完大学和研究所，得到学位，也非常感激能有机会对教育体系作出贡献。

我有幸能与公私立学校的教师共事，训练他们激励学生，而我在本章中要透露的见解，就是来自过去的这些经验。在和老师与家长合作期间，我注意到大家共同担心的一点就是：大家都有罪恶感。父亲因为没办法空出时间多陪陪孩子而感到愧疚，职业妇女觉得自己好像欺骗了孩子的童年，家庭主妇担心太多的家事已经使自己筋疲力尽，老师则觉得工作繁重且资源太少。

课堂上无精打采的学生，非但消耗了国家难以计数的金钱，也浪费了时间和机会。老师常常抱怨学生对学业没有兴趣，没有学习的欲望，不愿意配合自己的教学方式。专家说，在课堂上，约有一半的学生没有努力学习，这对老师和其他有学习意愿的学生来说，造成了相当可观的影响。不过这个问题有希望改进，我们可以运用激励DNA，鼓励孩子改进在学校、家里和其他生活层面的表现。

1. 找出孩子的激励DNA

与我共事的老师一再告诉我，每当他们在教室中运用激励DNA时，学生的注意力和成绩就有极大的进步。为什么？因为激励DNA是以学生为本的方法，能够启发学生对学习的热爱，而非只以课程为重，或是强迫学生死记教科书的内容。最近，美国一所顶尖私立学校的校长告诉我：“面对学生时，老师最常见的两个挑战：一个是不知该如何激励学生自动自发，一个就是纪律管理，而激励DNA能够同时解决这两个问题。”

几个月前，柴克的老师来电说：“罗葳太太，柴克出了点问题，我需要你的协助。”

我说：“好，请告诉我怎么回事。”

福特老师说：“柴克扰乱班上秩序，只要他想到好笑的事情，就一定要把它说出来。同学愈是哈哈大笑，他就愈会这样做。”

我回说：“嗯，这的确会扰乱班上秩序。”

福特老师又说：“我纠正他，他也满不在乎，不理不睬的。很显然他不尊敬我。”

我说：“这的确是个问题。福特老师，我会和柴克谈谈，但我对如何激励学生自动自发有一点研究，对柴克也有一点了解，说不定能帮得上你的忙。”

我向老师说明了柴克的激励DNA类型，接着说：“若你有兴趣做个实验，或许就能解决你和柴克之间的问题。”

福特老师说：“好，我该怎么做？”

我说：“首先，最重要的是要知道，柴克有军人心态（柴克的激励类型为秘书长，此处指他的个性以完成任务为重），他喜欢战斗，而且不会轻易退缩。不过他会尊重并且听从指挥官的命令，只要这个指挥官喜欢他，而且认可他的领导能力，秘诀就只是这样而已。柴克喜欢征服，热爱挑战，你不必为他降低障碍，反而可以抬高门槛，让他跨越。告诉柴克，你真的喜欢他且尊重他；此外，如果你不是真心喜欢他，他也可以感觉得到。这种做法唯有在你诚心喜欢他时才会有效。告诉他，你喜欢他的哪些地方，接着告诉他，你知道他是班上的领袖，同学们都听他指挥。告诉他，你知道他是领导全体同学、让同学发挥潜力的关键，让他知道你希望他能成为班上的典范，因为其他同学会听从他的领导。最后，谢谢他有成熟的态度，能够听你把话说完。”

“好，我试试。”

“谢谢，如果这样做还解决不了问题，请再和我联络。”

接下来几周，我都没有收到福特老师的任何信息，最后我按捺不住好奇心，拨电话给她。

“情况如何？”我问。

“我照你的话做了，结果柴克成了班上的天使。你说得对——全班的行为举止和注意力都大幅提升了，真是神奇！但我在其他班上用同样的方法，却没有收到相同的成效。”

“那是因为其他班级的学生，拥有不同的激励DNA，能够激励柴克的方法，可能会在其他不同激励类型的学生身上造成反效果。首先，你得先找出这些学生的激励因子才行，一旦你了解他们属于哪一种激励类型，一定可以得到很好的结果。”

成功老师都用这7招

过去5年来，我见过数以百计的教育人士，想找出春风化雨的老师究竟做了什么。以下就是许多老师认为在课堂上最有效的7种激励方式：

① 创造让学生贡献的空间

② 尊重学生是不同的个体，了解并欣赏他们

③ 让学生觉得上课很有乐趣，让他们有所期待

④ 建立架构，让大家明白规则，以及违反规则之后的后果。如果必须施与处罚，就应以温和而不生气的态度执行

⑤ 找出每位学生的专长和才华，并加以鼓励

⑥ 对他们的成就表达赞赏，比如公开展示学生的作品

⑦ 以实质的奖品，来奖励他们的成就，比如分派糖果给答对的同学

在我研究顶尖老师所用的激励方式时，完全没想到这些激励方

式，会和我自己的研究如此契合。有趣的是，上述这七种激励学生的方式，全都可以归类为激励DNA中的六大因子。全美都有老师采用激励DNA的原则，并将其融入自己的课程当中，而且十分成功。他们运用这些信息的创意方式包括：让身为关系导向型的学生参与团队，而针对任务导向型的学生创造比赛，让偏好变化型的学生表演戏剧或歌曲，请偏好稳定型的学生当小老师，认可他们的功劳，并且提供精神及物质的各种奖赏，鼓励学生在学习方面的表现。

2. 称赞孩子的努力，而非智力

我读过最有趣的一项研究是，赞美孩子的智力，对他们的表现反而有负面影响，使他们更无法应付失败；而赞美孩子的努力，则会让他们渴望学到更多事物。

哥伦比亚大学心理学家克劳蒂亚·穆勒（Claudia M. Mueller）和卡萝·德威克（Carol S. Dweck），研究了412位五年级学生，结果发现赞美学生的智力，非但无法激发他们的自信心，反而会造成不利于他们的行为，比如担心失败、逃避冒险。这样的结果和一般的想法正好相反，因为一般的想法以为，赞美孩子的能力会是激励他们的方式之一。

这些学生先接受智力测验中的简易问题，有些学生因聪明而得到赞美，有些则因努力而受赞赏。接下来，同样一批学生可以由难、易两种测验择一测试，60%因聪明受赞美的学生选了简单的测验，而90%因努力而受赞美的学生选了难的测验。

再接下来，让所有的受测学生都做困难的测验，结果因聪明而受赞美的学生，比较容易灰心挫折，丧失兴趣。

德威克博士说：“这些结果比我们预期的更精确。如果孩子学到的是在面对学业时该如何专心，并找出学习策略和努力用功的价值，这就能鼓励他们维持学习动机、表现和自信。”

3. 家长的参与

家长如果参与孩子的学习过程，学生的成绩往往有长足的进步。监督孩子做功课、协助孩子面对组织团队，定期与老师沟通，以及考前与孩子一起复习考试内容，都能帮助孩子有极大的收获。

教导孩子如何用大小标题和数字来分层做笔记，教导他们聆听主题，并记下附属的内容。教他们画线、画圈，或标示考试可能会考的重点及细节。

父母的参与，能让孩子接获明确的信息，明白教育是第一优先。读书给孩子听，往往也很有效，即使在他们已经进入青少年时亦然；一旦你的孩子爱上阅读，其他各科目的成绩自然就会进步。

4. 建立特权与成绩的关系

好的成绩应该获得赞扬和奖赏。如周末外出、到同学家过夜和课外活动等，对孩子都是很有力的激励因素。我们的孩子念七年级时想参加足球队，我们告诉他，参加的条件是他得要跻身全班前几名，结果他的成绩立刻突飞猛进，成绩单上再也没有出现过“丙”！手机、电动玩具、额外的点心、晚睡、使用电脑的时间和可以用车（对较大的孩子）的权利，都是鼓励好成绩的激励因素。如果孩子得用好成绩来交换特权，那么他的成绩一定会进步。

5. 教导他们读书技巧

改进学习的技巧，自然就会带来较好的成绩，用缩写、文字画、歌曲和韵律来协助记忆，都能让孩子容易记住内容。制作卡片，教你的孩子考试的技巧，比如考试时先答简单的问题，而困难的题目，则可以等答完简单的问题之后再回头来做。有时试题的其他部分会有一些线索，可以让他回答出原本略过没做的问题。

有些孩子在考试时，会因为紧张而脑袋一片空白，这个问题的解决办法非常简单，就是在家里先用模拟考试来练习。我们的老二布莱兹平常成绩都不错，但在几次“计时考试”时却考差了，在全班27人中成绩垫底，虽然他知道答案，但计时的压力却让他紧张不安。于是我们请老师提供一些范例试题，让他可以在家练习，每天晚上给他几道计时测验，并限时1~5分钟。几周后，计时测验成了常态，他的成绩也开始扶摇直上，虽然他花了几个月才恢复原来的水平，而且我们也花了不少精神，但如今布莱兹在班上的数学成绩却是数一数二。

学校应该为学生创造出能够启发智慧的有趣经验，让学生准备迎接成功的一生。我鼓励你练习运用这些关键，以提升孩子的成绩和他们对于学习的热爱。

Get Motivated 激 励

PART 4
规划自己的圆满人生

- 拟定目标
- 贯彻到底
- 五大目标都要能登峰造极

▶ 拟定目标

我要问你一个问题：你真心希望从人生中得到什么？在我刚开始举办“激励研讨会”时，我没受过多少教育、经验不足、没有正职工作，而且还是身无分文、有嗑药史的年轻人，集失败者之大成。然而今天，我却能充满感激地说，我实现了自己的梦想。

我可以肯定地告诉你：你的背景并不重要，你的过去不能决定你的未来。不论你知道什么，你认识谁，都没有关系，人人都有机会提升自己的生活质量，但必须由这个问题开始：你真正想要的是什么？

我要让你们为成功做好准备。但要获得成功，你必须非常清楚自己想要什么。你希望从生活中得到哪些你目前没有的事物？你想要做到哪些你目前还没有做到的事？你想要对社会有哪些贡献？什么样的梦想让你衷心企盼？一想到什么点子，就会让你打从心里露出微笑？你希望大家怎么记得你？你希望留下什么样的传承事迹？现在请翻到附录B，列出你希望在自己人生中达到，但目前尚未如愿的10个目标。

我19岁时，曾为自己列出一张人生的目标备忘录——它们都是雄心勃勃且遥不可及的梦想，就连我自己都觉得有点疯狂。这些目标毫无限制，简直需要奇迹才有可能达成。在我的目标备忘录上，列出的事项有：环游世界、娴熟一种外语、学会一种乐器、和我的灵魂伴侣结婚并养儿育女，另外还有其他关于信念、健康、事业和财务的目标。

你想知道我的备忘录上，最惊人的是什么吗？那就是我认为恐怕要几辈子的时光，才能做完我备忘录上的一切，但我不到40岁，就已经完成了备忘录上所列的40个目标！40岁时，我又为我的后半辈子列了另外一张目标备忘录，而且因为第一次的备忘录能够成功完成，因此我的新目标更加大胆。

我相信上帝会喜爱有伟大梦想的梦想家（和实干家），每一个梦想都含有信心和希望，但梦想和目标却有天壤之别，因为任何人都可以有梦想。自我19岁列出第一张目标备忘录开始，光是写下目标的过程，对我的人生就有深远的影响，这张备忘录塑造了我的命运，指引出我生命的方向。

在本章中，我会用我的故事作为背景，指点你该如何实现目标。在聆听我的经历时，也请你想想自己的问题，从我的故事中吸取教训，并运用在你自己的人生之中。

从结尾开始，规划未来

你无法控制未来，但你可以计划未来，构思一个明确的景象，

显示你真心希望自己的人生是什么模样。这幅景象应该十分鲜明，让你光是想象到它，就充满活力。在开始时，就该想象到结尾。

我和我先生彼得是在伊利诺伊州惠顿学院（*Wheaton College*）的写作课程上认识的。我那时大学刚毕业，老实说，我参加这个写作研讨会，就是为了要庆祝毕业。彼得和我都负责规划活动，他是个年轻的创业家，拥有一家业务员训练公司，而我则是励志讲师，协助举办适合青少年的活动，并在会中演讲。

彼得和我很快就建立起良好的关系。他有一种火花——并不是因为他的一头红发，而是他聪明、热心且风趣。虽然当时我对彼得并没有浪漫的憧憬，却很喜欢有他为伴。那个周末，我们一起去芝加哥旅游，一同去餐厅品尝美食，而且聊个不停。周末还没过完，彼得就开始筹划要在佛罗里达办一场商业研讨会，因为我当时就住在佛罗里达，这样他正好有借口可以来看我。几周后，彼得果然来电说："我正好在附近办研讨会，如果你想要入场券就告诉我。我很希望你来参加。"

彼得到佛罗里达来举办研讨会时，我就把他介绍给家人和朋友认识。我的父母亲立刻就喜欢上彼得，我母亲才认识他20分钟，就把我拉到一边低语："我要告诉你，如果你打算跟这个人结婚，那么我衷心祝福。"我哈哈大笑说："妈，彼得和我只是朋友。"

6个月后，彼得和我在新奥尔良乘船游密西西比河，彼此订下鸳盟，友谊已经升华为爱情。

在泰国、新加坡、香港和马来西亚度了6周蜜月之后，彼得和我赴加拿大短暂停留，拜见公婆，接着我们飞回新奥尔良的家，在公寓安顿下来。我们的婚姻是空白的画布，而一天早上早餐时，我们决定要一起拟份婚姻计划。我们拿出纸笔，坐在餐桌前，那是很久以前，手提电脑甚至还未发明的时候！

彼得先说话了：“好，让我们创造一个可以实现我们热爱事物的人生。想象一下我们一起生活时，在脑海中浮现的第一件事是什么。”

我说：“我希望我们能一起工作，我不想要每天早上各奔东西，然后到晚上才在餐桌上重新聚首，我希望我们真正共同生活在一起。”

于是我们各自在笔记本上写下：①一起工作。

彼得问：“你想要做什么样的工作？”

我说：“我觉得这点完全无须再多加解释。我们俩都擅长公开演讲，也喜欢宣传和主办活动，你对此依旧有兴趣吗？”

彼得说：“当然，没有其他的园地能够像研讨会这样，让我们一对一和人互动。我一心想要对社会有正面的影响；我同意你的想法，我们应该一起举办公众活动。”

我们在笔记本上写下：②公众活动。

我说：“好，我们在财务上有哪些资源？”

我们俩都为这个问题失笑。在一时冲动之下，我们已经花光积蓄来支付婚礼及蜜月开销，并预支了3个月的生活费，如今时限已至，再过6周，各种账单就会接踵而来。

我说：“好，因此我们没有财务资源，但我们还有其他可以用来赚钱的资源，让我们把这些资源列出来。”

列出所有可用资源

把所有你可以用来达到目标的个人资源全都列出来，包括你的

才华、天赋、技能、财务资源和组织工具。

彼得说："我对数字还算不错。"

这是彼得的自谦之词，他是个数学天才。九年级时，他就在全加拿大的数学比赛中夺得第一，他的数学天分教人瞠目结舌。

我说："你数字好，我文字行，这是很坚强的组合！"

彼得又说："我们俩都喜欢营销与推销。"

我补充说："你对物流和广告也有经验，而我们都有时间，没有子女也没有其他责任义务，我们可以全心投入工作，不会受到其他事务的干扰。我们可以随时工作，而且可以一起做，一定会很有趣。"

彼得微笑着说："你太棒了！"

我说："你也是，但我们有点离题了！回头来看，我们还有哪些资源？"

彼得说："我们知道如何以合理的费用主办精彩的活动，让大家都想参加。"

我说："的确，但我们还不知道如何举办大型活动。目前为止，我们的听众只有500~1000人，举办这样的活动虽然可以维生，但还不足以成为我们生命中的目标。我想要创造更大的影响力，不是每年只影响几千人而已。"

找出可能会遇到的障碍

把你在达成目标前，可能会遭遇的每一个障碍、需要克服的每一项挑战，都列出来。然后，至少列出3种可以克服这些障碍的方法。

彼得说："我同意，我们要努力做到这点，因此让我们再深入一点，举办大型活动会碰到什么困难？"

我先说明最明确的问题："经费。我们需要融资，才能举办大型活动，我们该如何克服这项挑战？"

彼得说："目前我们采取的做法是，让与会的听众在会场门口登记，但如果我们事先销售研讨会的门票，再把这笔钱拿来当做宣传和执行的经费，你觉得如何？"

我答说："可以试试看，这个方法能够让我们扩展事业，而不需要太大笔的资金。虽然有点风险，但如果我们先支付场地费，就不会有听众买了票，但活动却无法办成的风险。"

彼得接着问："好，还有其他障碍吗？"

我说："我们还年轻，年轻并不是障碍，因为我们有年轻人的活力和热忱，但我发现，年纪较长的人，对20出头的创业家总是心底存疑。"

彼得说："的确，让我们在表上列下'年轻'这一点，年轻可以是我们的资源，但也可能是障碍，因此我们两边都列；我也把缺乏经验这点列在障碍一边。我们有宣传研讨会的经验，但不知道在下一个阶段或者更大规模的时候，会遇到什么样的困难。"

我说："好，我们该谈谈如何克服我们可能面对的困难，但首先，让我们写下可以帮助我们的人或组织。我们不该只受限于自己的资源，或许我们还可以运用其他人的时间、智力和才能。"

彼得说："我们应该再请一位讲者来我们的研讨会上演讲，如果我们能和一位知名的讲者合作，再加上他原有的听众，我们就可以针对这些听众售票，再利用他们的邮寄名单来寄发宣传手册，使我们的听众增加2~3倍。"

我说："这是很大的计划，你想到可以请谁和我们一起演讲了吗？"

彼得说："我知道这听起来很疯狂，但我想到的第一个人是里根。"

我惊讶地说："里根总统？"

争取可以协助你的人和组织

重要的不是你认识谁，而是你认识的人知道什么。

彼得确定地说："对，就是他！"

我难以置信地说："听来疯狂。你还想到其他什么？"

彼得说："目前没有，但我想先为这件事祈祷一下。"

我说："当然！你最好花点时间祈祷。你觉得还有哪些人或机构可以协助我们？"

彼得说："我想不出来了，你呢？"

我说："我知道有一个很棒的女人可以协助我们，她叫乔安妮，很聪明、有吸引力，擅长公关活动。我想她可以做任何我们请她帮忙的事——会计、售票、运营等。"

彼得说："太好了！那赶紧问问她有没有空，我想我们应该立刻开始规划第一场研讨会。"

我说："真教人兴奋！"

几天后，彼得带着奇特的表情走出他的办公室，我知道他在里面祈祷，希望能知道该邀谁和我们一起演讲，只是我不知道他花了整整4小时向上帝祈求。比起他来，我在性灵这方面还真是迟钝。

我问道："怎么样？你的结论是请谁？"

彼得说："两个人，金克拉和里根。"

我说："哇！好，或许我们该由金克拉开始。"

在1987年那时，金克拉是非常有名的作家和激励专家，他在全美四处举办小型的研讨会，并且建立了只和他合作的研讨会宣传网。从美国西岸到东岸，他旗下的每一位宣传人员都有固定的地理区。我们和金克拉的办公室联系，想邀他为我们演讲，他们委婉地拒绝了，但我们坚持不放弃。

我们问道："我们该怎么做，才可以邀请金克拉来演讲？如果我们先支付金克拉演讲费可以吗？如果保证有很多听众可以吗？"

金克拉的办公室要我们提出财务数据和业务计划，我们照办了，我们还说这场研讨会可以办在他们所选择的任何城市。经过许多个礼拜的洽谈，我们获准在新奥尔良安排一场研讨会，因为这是其他宣传人员不愿意来的地方，而我们却正好就住在那里。新奥尔良被我们这行称为"宣传人员的坟场"，任何在这里安排研讨会的人都倾家荡产。不过听到这个鼓舞人心的消息，还是令我们雀跃不已，准备开始安排我们第一场以夫妻身份合办的研讨会。

一步一步来，勿躁进

绝不要双脚一起踩进河里试水深。心怀大志，但谨慎行事，你要寻找的是可以一再使用的策略。

我们做了一切。我们订了本地饭店的宴会厅，设计并印了宣传手册。彼得四处拜访潜在客户，而我则负责电话营销和票务，并且在我们家里的餐桌上填写订单。新奥尔良在研讨会这一行的恶名的确名不虚传，那几个月的售票状况实在很糟，很难说服企业主让员工来参加我们的研讨活动。我们以为请来名嘴金克拉，可以让整个过程简单一些，但这一行最重要的是靠营销而非仰赖名嘴。我们可是吃了一番苦头，才学到这个教训。

经过几个月的努力之后，我们终于举办了这场研讨会。我这辈子从没有这么疲累过，彼得和我每天工作18小时，吃不好睡不稳，但我们的辛劳终于有了回报，共有数千人来参加这次的研讨活动，这在任何城市都可傲人，就连在像芝加哥或达拉斯这样的大城市，也是佳绩。而在新奥尔良这个“宣传人员的坟场”，更是让人惊讶。

研讨会结束后，我倒在床上，希望能好好睡上一觉。这时彼得冲进房间，说道：“你猜怎么着？金克拉和他的执行长，在明天早上搭机离开前，想和我们见面。”

我说：“你是说真的吗？什么时候？希望他们是搭下午的班机！”

彼得说：“他们希望明早6点和我们一起共进早餐。”

我说：“你在开玩笑！你得把我拉出床外才行，这几个月来，我一心一意就想睡个好觉！”

彼得兴奋地问：“你想，他们要和我们谈什么？”

我说：“应该是要替他们举办更多的研讨会吧。我们这次办得相当成功，听众人数比大部分的大城市还多，而且我们第一次就有这样的佳绩，甚至是在一个其他宣传人员连来都不想来的城市。从他们的观点来看，这可能值得和我们一谈。你觉得呢？”

彼得说：“我想你可能说得对，我们早点睡吧，明天还得早起！”

第二天一早，睡眼惺忪、睡眠不足的我们抵达早餐会场。没错，金克拉想和我们谈谈未来合作的事。

接下来几个月，我们和金克拉及他的团队又见了几次面，他们决定让我们在还没有其他宣传人员负责的小城市里，为他们的活动进行宣传，因此我们到了一个又一个的城市，累积了经验，听众人数也愈来愈多。很快地，金克拉最大规模的研讨会，都已经转手给他最年轻的宣传人员去举办。

至于彼得和我，我们获得了生命中的荣耀。知道自己能让许多人的生命有所不同，这让我们感到相当满足。我们获得许多宝贵的经验，并拜访各行各业，由基层营销研讨会的活动开始，然后主办出充满活力、激励人心的研讨会。接着我们来到下一个城市，见到不同的人，结交新朋友，并探索新的地点。

没有多久，我们就成了金克拉唯一的宣传团队，而且很荣幸为他工作逾20年。这些年来，我们的研讨会早已扩大到超过旅馆宴会厅的规模，甚至连会议中心都容纳不下。如今我们在美国最大的运动场上主办研讨会，但有一件事却永远不变——金克拉永远是我们研讨会上的座上宾，从那一天开始一直到现在，依旧如是。

至于里根总统？那是另一个故事！让我们留待下一章一探究竟。

贯彻到底

1989年，我写信给里根总统，想邀请他来我们的研讨会上演讲，当时我才25岁，还不知天高地厚。不知为什么，里根总统没有回信，于是我又写了一封信给他，依旧没有回音。我又发了一张邀请函，依旧石沉大海。

我开始觉得总统不理睬我，于是我再写信给他。他的秘书回信说，里根总统觉得很抱歉，他无法到我们的研讨会上演讲，回绝了我们的邀请。我没理会这位秘书，又写了另一封信。

再一封。

又一封。

彼得和我开始定期致电里根总统的办公室。

"您好，这是塔玛拉·罗蔵，请问总统先生是否决定在我们的研讨会上演讲？"

"嘿，塔玛拉，答案和上周一样，总统不会在你们的研讨会上演讲。"

接着，彼得会在隔周再次致电。

“您好，我是彼得·罗葳。”

“嘿，彼得，总统不会在你们的研讨会上演讲。”

最后这样的对话演变成仅剩两个字的交谈，我们说：“嘿！”秘书说：“不！”接着两人都大笑，然后我下周再致电。如此这般，历时4年！

里根总统最后认为，我们虽然固执得可以，但毕竟不是想跟踪他或伤害他的歹徒，更不会威胁国家安全；除此之外，我们好像也不会放弃。因此，最后他决定莅临我们的研讨会上演讲。这位伟大的沟通者在亚利桑那的凤凰城，进行了他为我们所做的第一场演讲，当然，其间座无虚席。

击败你心中的魔鬼

在追求任何重要目标的过程中，你一定会受到打击，让你不禁想放弃，这是必然的。每一个重大的任务都有额外的“红利”，也就是当众失败的可能。为了要成功，你非得准备面对恐惧、扳倒疑惑、压抑想放弃的那股念头。简言之，你得保持自己的动机和力量，克服失败的恐惧。

在我们举办完里根总统主讲的研讨会之后，我们的业务蒸蒸日上，我们的家中也增添了新成员：我们生了漂亮的男婴，成了得意的父母。原本我们并不急着生儿育女，因为我们正在为事业冲刺，忙着处理公司成长、管理、现金流的种种挑战。我总告诉彼得：“现在不是怀孕生子的好时机，等我们办完达拉斯的研讨会再说。”

达拉斯的演讲结束了，但接下来又有新的挑战，因此我又说："亲爱的，现在不是生小孩的好时机，我得筹划电话营销部门。如果这时我怀孕，那这压力未免太大了。"但等到电话营销部门成立，一切上了轨道，又有其他的危机需要我去处理。

最后彼得说："亲爱的，这样下去，永远都不会有生孩子的完美时机，不论如何，我们非得趁年轻时，赶快生孩子不可。"他说得对。一天早上我在读《圣经》时，读到《传道书》第十一章第四节：若你等待完美的时机，就永远不可能完成任何事。

因此虽然我犹豫、惶恐，虽然时机并不完美，但我们依旧决定要为人父母。就如同所有新手父母所感受的一样，有了宝宝虽然令人欢欣，却也带来可怕的压力；我满心都是各种冲突的情感。柴克是个教人兴奋的宝宝，我的眼睛简直没办法离开他，但我也得了严重的产后忧郁症。一方面我因为当了妈妈而欣喜若狂，一方面却也因为工作和担任母亲的双重压力而失序。我觉得疏离，但也被这个美丽，却总号啕不已的小麻烦纠缠得喘不过气。

老大出生的时候，我们正好面对非常困难的一季。我们的业务如天文数字般成长，但公司的管理架构却赶不上成长的速度。这是我头一次记不起所有员工的名字，让我感到相当困扰。我请人帮每一位员工都照了相，并且决心要记住逾300名员工的名字、面孔和职称。

我们的研讨会时间表也开始暴增。1993年，我们办了50场大规模、大场地的研讨会，大家都累得筋疲力尽。媒体对我们的报道不断，《时代》和《人物》杂志都登了关于我们的文章，电视新闻节目如《60分钟》（*60 Minutes*）、《日线》（*Dateline*）和《20/20》，都派摄影记者来拍摄我们的活动。在每个城市，当地的报纸和电视都会来访问我们。我带着小柴克全美走透透，经营我们的事业、主持研讨会、和演讲人打成一片、招待记者媒体、进行活动，而且从头到尾，宝宝都未离开过我。

在这一切的过程中，我也在全球举办企业演讲活动。等柴克3岁大时，他已经跟着我走遍30余国，这是一段暴风式的时光，有极兴奋之时，也有压力莫大之时。不知多少次，我都想叫停收手。当你受到诱惑，想要放弃时，不要忘记困难的重担正是领导力的试金石。失败者因承受不了重担而垮下，但真正的领导人物却能打起精神支撑下去。

运用激励DNA才能维持动力

现在让我们休息一下，由我和大家分享的故事中找出教训。开始建立新目标时，在起初的冲刺之后，你的动力会慢慢消失。我这么说，并不是要泄大家的气，但这是明明白白的现实。生活中的其他要求会转移你的注意力，或许你一开始会有一些进展，但随后就会达到满足的境地，开始滑行。不久，轻松的滑步就会陷入停顿，一个不小心，你就失去了原来已经做到的境界。因此维持动力非常重要，也因此，你绝对需要学会运用激励DNA的技巧。

让我举例说明，我如何运用激励DNA来维持动力，并完成充满挑战性的目标。多年来，我一直努力想要定期运动，但由于我的工作必须四处旅行，因此根本不可能维持固定的运动计划。过去我曾多次兴奋地展开新运动，报名有氧课程或者加入健身房，但接着我的热忱会迅速消失，几周之后，一切的决心都只剩化为多力多滋零食，以及观赏《24反恐任务》影集而心跳加快的“运动”。

我常因为虎头蛇尾而责备自己，并在心里给自己打气：你怎么了？你非得坚持这次的运动计划不可！没有人在意你在做些什么，只要坚持去做就好！如果你不运动，等你老了就会付出代价。你想看到孩子、孙子长大吧？那么你就该穿上运动鞋，到户外去！

这样自己给自己打气的话对我一点用也没有，反而更让我提不起劲。我陷入断断续续的循环之中，无法让自己朝向目标迈进。

当时的我并不明白，我的运动目标其实对偏好稳定型会很有效，只是对像我这样的偏好变化型而言，却反而是一种打击。各位是否还记得，激励DNA的基本原则？激励一个人的因素，很可能会在另一个人身上造成反效果。我定下的要求是，不容改变的架构和死板而一贯的规则，但我其实并不是那一种类型的人。而等我一明白，我主要的激励因子是偏好变化，我就刻意采取新的做法。我重新拟订运动计划，而且也很欣喜地告诉各位，过去几年来，不论我在美国还是扎伊尔，澳洲或是津巴布韦，每周都能持续运动5天。

先设定一个不可能失败的目标

以下是我的做法，我先以非常简单的目标开始——我需要一个小到不可能失败的挑战，因此我问道：“要保持身材，至少需要做到什么？”在面对困难的目标时，先理清结果非常重要。我们得清楚地知道自己要射击的目标是什么，好看清楚标靶，并让我们可以轻易射中标靶。

我发现，大部分成人每周只需要5天、每天只要激烈地运动20分钟，就能保持美好身材。这听起来很简单，因此我就去试试。在我疲累或忙碌不堪之时，就只运动个20分钟，但大部分时候，20分钟很容易就延长为30分钟，甚至90分钟。平日我每天都会做一些有益心脏的运动，每周再进行2~4次的举重。

不过我的20分钟计划并不能完全解决问题。要持续地运动，需要的不只是个新计划而已，我还需要知道，当动力开始消失时，我该怎么办？我成功的真正关键，是激励DNA所释放的转变力量。身为偏好变化型，我绝不可能强迫自己日复一日地做同样的事，然后还觉得满足。我所尝试的每一项新运动计划，一开始都很有趣，但时间一久我就会感到厌倦，这是典型的偏好变化型特征。

运动计划也要丰富有变化

我需要找到符合我独特激励因子的策略，也必须考虑到我经常出差和时间表捉摸不定的挑战。我需要一个针对忙碌人士但又不致枯燥的运动计划，以下就是我找到的解决办法：每天我找一种有益心脏健康的运动，至少做20分钟。我选择我想做的运动，以及运动的时间——端看我的心情。我今天感觉如何？有多少空闲时间？有多少精力？天气好不好，能不能让我到户外去运动？我的运动时间表很有弹性，而且可以通过上述这些问题来决定。我承认这样的方法的确变化多端，完全由当时的情况决定，但对我却很有效。

有时候我到海边去跑步或游泳，有时我则持杖健行；冬天我会到科罗拉多去住一阵子，几乎天天与雪鞋或滑雪板形影不离。不知为什么，我对冬天的运动永远都不厌倦。如果天气不好，我就上健身房，跳上最吸引我且有益心脏的健身器材。我也买了一辆折叠式脚踏车，许多时候，我一下班，就把汽车停到公园或景色优美的人行道旁，然后拿出折叠式脚踏车，骑车健身。这让我既能够运动健身，也满足我身为偏好变化型探索和发现的需求；此外，我再也不会觉得枯燥乏味了。

我都选在一周的开始和结束时举重；只要我一周至少举重两次，就不必特别挑选某一天来做重量训练。这让我觉得自在，不会受到吃力、死板的例行公事限制，而且能有所选择，还可以配合我出差的行程。最重要的是，我达到了每天运动的目标，而且身材还比20来岁时更好。

最近我做了一次最大摄氧量测验，这个测验是测量心肺适能，以及你的身体在运动时的摄氧量。这个累人的测验通常要价数千美元，而且往往只有运动精英才做。我被绑在医疗监视摄影机上，戴上头套，鼻子上别了晒衣夹，嘴里插了塑料管，以便记录我每一次呼吸情况。接着我跳上固定式脚踏车，把自己累得筋疲力尽。等结果算出来，不只医师大吃一惊，就连我也感到同等惊讶，以我的年纪，我得到了完美的成绩。

光是配合我的激励类型，而不和它唱反调，就彻底改变了我的健康状况。我由身材走样，和总是无法坚持下去而灰心丧志，变成了身材适中、活力充沛的业余运动员。我认为这样的成果，并不是因为我有特别的成就动力，而是因为激励DNA之故。

跳跃式的写作计划

即使在撰写本书之时，我也发现我得配合自己独特的激励元素，才能得到最佳的结果。若我按部就班，由第一页开始写到最后一页，一定会痛苦难当。我花了5个月的时间写这本书，但我若强迫自己按照顺序，由第一个字乖乖写到最后一个字，恐怕至少得花掉我一年的时间。从拟订出书计划开始，我明白自己有两种选择：不是看着一片空白的屏幕发呆，就是随兴之所至，自由发挥。我让自己选择了后者，我可能第二章写个10分钟，再跳到第十一章写一点；今天我想写第十三章，明天我或许会再跳回来写第四章。这就是偏好变化型的作业情况。

激励DNA完全改变了我的想法——不只是针对我个人的目标，也影响了我与其他人互动的方式。如今我明白该如何激励我的子女、朋友、家人和员工：针对他们个别的激励因子，找出不同的激励方式，而结果非常杰出。

迈克尔·乔丹也曾一再失败

或许你正在进行一个困难的计划，并且开始觉得厌倦疲累。记住，这很正常；这并不表示你意志薄弱，只是证明你也是人。要维持动力，你必须配合自己的激励模式，只要你朝这个方法努力，就能收到成效。请保持耐心，人生并不是一场短跑，而是持久的马拉松；大的目标需要时间，也一定会有庞大的障碍等着你克服。有时人生并不公平，逆境竟发生在好人身上，但若你觉得有一点灰心沮丧，那么我要告诉你，过去的就过去了，你的过去不会决定你的未来，你今天所做的事才会改变你的明天，请你坚持现在的做法。不要担心会遇到挫折，除非你放弃，否则失败并非最终的结果。

篮球大帝迈克尔·乔丹（Michael Jordan）说：“我的职业生涯中，有逾9000球没有投进，输了约300场比赛。有26次，我在比赛快结束时拿到可以扭转乾坤的一球，不过却没有投进。我的一生中曾一败再败，但那就是我成功的原因。”

这不是真理吗？乔丹在球场上叱咤风云，且成功和失败是一体的两面，不可能只有其一而没有另一者。我曾在业务上犯了许多错误，至今还能屹立不摇真是奇迹。我曾用错员工、作错决策，在一天之内损失数百万美元，如果我没有其他功劳，但至少有一件事我做对了，那就是我懂得坚持下去。

在我想解雇所有的人，包括我自己在内时，我继续努力；悲观者和否定者预言我失败时，我继续努力；我的梦想褪色，只剩一线曙光时，我继续坚持。在我草创事业的那段岁月中，我曾有过无数次认定自己是笨蛋的念头。里根总统绝不会为我演讲，从没有任何一位总统拒绝一个女人，像里根总统拒绝我这样多次！我吃过无数次闭门羹，但我需要的只是一个“好”字。因此我继续写信、致电给他那位备受我们骚扰的可怜秘书，如是4年——终于，有一天，他说了“好”。

五大目标都要能登峰造极

我在黎明时醒来，摸黑到厨房，煮了一杯卡布奇诺，接着坐在餐桌上读《华尔街日报》，要不是白纸黑字印得清清楚楚，我绝不会相信自己的眼睛。就在《华尔街日报》头版上，有一个把自己打扮得像巴顿将军，污辱了他身旁美国国旗的男人；他举起手，挥舞着一支镶了珍珠的手枪，并对着他的小小脑袋，这人就是我的竞争对手。

这位假的巴顿将军，动员了他公司的所有人力，向媒体宣布要让我们的公司关门大吉。斗大的报纸标题，直接引述巴顿将军的名言，大声疾呼："战争开始！"时间还不到清晨6点，我就已经遭到围攻。那么，早安，"巴顿将军"，医生知不知道你已经停止服药？

这篇文章继续报道的是，这位"将军"如何把明星会聚一堂，准备举办激励研讨会，要一举打败我们。他积极动员业务人员，并指派已经做好战斗准备的大军，要前往亚特兰大售票。

我的竞争对手显然非常喜欢盛装打扮，为了替研讨会打广告，他把全身涂成金色，将广告夹板挂在身上，站在街头，这是他的作战计划。但最后，这样的戏剧演出虽然有趣，不过显然不够。《华尔街日报》后来报道，他赔了70万美元，与会的听众人数，比我们前一年在乔治亚巨蛋球场举办研讨会时，还少了23000人。

登峰造极的秘密

“巴顿将军”并不是我所碰到的第一个对手，但我必须承认，他是最有创意的一位。研讨会这一行就像旋转门一样，我曾见过许多人入行，但也见过许多人离开。这一行风险高、压力大、利润却很低，赔钱的速度，可能比5岁小孩狂吞意大利面还快。

不论在工作或人生之中，竞争是既甜又苦的现实，只可惜光靠辛勤工作和梦想，并不能保证人人都能成功。要脱颖而出，在你的事业生涯中登峰造极，非得要有高能量的战备资源，或者我所谓的“大型指挥武器”不可，而这其中，再没有比激励DNA更重要的要素了。

因此，你要怎么才能超越、胜过、领先你的竞争对手，并且持盈保泰？请靠近一点，因为我要告诉你一个秘密。这是在任何领域都能成功的关键，不论你的工作、事业或服务究竟是属于哪一行，这都是你出人头地的门票，它是万灵丹。我们的团队能创办举世最大规模的研讨会，并且25年来一直维持在这一行的顶峰，都是因为有了这个秘密。

你必须比别人更努力

出人头地的真正关键，就是比别人更努力。你必须激励自己学更多、做更多，比周遭的每一个人都优秀。你得更努力、更明智且更敏捷。你得以最合理的成本，做出最佳的产品，还得有别人无法赶上的服务来当后盾。你得有见识、擅长表达、充满活力、信心十足、精明能干，而且充满勇气。你必须是最优秀的一个。

光是好，还不足以达到登峰造极的境地，不论你是在争取市场占有率、参加运动比赛，或者想在工作上获得升迁，要脱颖而出，都必须有无人匹敌的优异表现，而那就是激励DNA发挥作用的时候。不论你是任务导向型还是关系导向型，不论你最重要的需求是“偏好稳定”或者“偏好变化”，如果你想要得到所有精神或物质的成功报酬，就非得是最优秀的一个不可。

我必须承认，你得要作点牺牲，才有可能登峰造极，而若你想要第一个完成一切，就必须付出代价。这意味着，你得投资时间、精力和金钱，才能培养出卓越的技巧。而你一旦达成了目标，或在工作职场和专业领域登峰造极之后，你还得继续成长。你必须继续累积技巧，人生的终点线永远在不断移动，因此你得不断地改进产品、服务和你自己，否则必然会有人迎头赶上，并超越过你。

我认为我们的人生有五大优先要务:

◎事业

◎财务

◎精神上的满足或成就感

◎人际关系

◎健康

在本书最后一章，我要花点时间告诉你，如何运用激励DNA，在这五大优先事项中都成功脱颖而出。想要达到这样的均衡人生需要不断地努力，在我看来，五项中只达成四项还不够好。如果你的事业蒸蒸日上，财富迅速累积，但你的孩子嗑药吸毒，你的婚姻岌岌可危，那么你已经失败了。同样地，若你健康无虞，也有满意的人际关系，但事业却摇摇欲坠，银行账户呈现赤字，那么你的人生也同样不算成功。你可能会说，这太残酷了。不，朋友，真相就是如此。如果我们诚实地评估自己的人生，就不免会面对残酷的现实，不论那是多么痛苦。不过好的一面是，你可以作些调整，让人生达到平衡，而且你可以今天就开始；你真的可以拥有一切，但你必须充满动力。

以下就是我的人生激励原则，只要遵循这些原则，成功就会跟着你。

事业生涯突飞猛进的七大关键

培养追求成就的态度，每一天，你都该保持积极、愉快、充满活力、乐观的态度。不论你走到哪里，都要成为那里的阳光来源。你既已明白自己的动力、需求和奖赏因子何在，就该找出方法运用这些激励因子。

1. 对每项工作都充满热忱，尤其是困难的任务

光是这个特性，就能让你由职场其他的99.9%人中脱颖而出，而且保证你会获得升迁，让工作更稳定，并且加速你在事业阶梯上前进的速度；此外，还会让你赚到更多薪酬。接下工作任务时，你该说：“好，我很乐意做这份工作！我一定能做好！”这就是发挥动力最重要的地方。你必须对工作和自己抱持热忱，你必须相信自己的努力能使一切有所不同，而且就算是你不想做的工作，也值得你投入高度的努力。

2. 张嘴说话时，说些有价值的东西

学习有技巧地沟通，丰富有力的词汇，能让你更有效地表达自己的想法，更精准地沟通，并且显示你的聪明才智。

在职场，你该对人友善，但不要有事没事就找其他人聊天。你的对话要简短、抓住重点，不要在上班时间社交闲聊，这样做非但不负责任，而且浪费时间。你不但无法得到良好的工作成绩，而且还消耗了你所拥有的宝贵资源——时间。

你的书面沟通也应该要特别优秀。在赶时间时，不要随便发电子邮件；此外，你的文字应该清楚明确，不要有别字、标点或文法上的错误。良好的书面沟通是卓越的表征，在每一次写信或发电子邮件之前，多花点时间校对是否有错字。练习以具有说服力且热忱的方式沟通，让阅读的人能够获得启发，并执行你的建议。

3. 请记住，顾客至上

和你的顾客互动，投合他的需要，是你的第一要务。你得实践承诺，而且要按照你承诺的时限完成；如果这样做，会花费比你预期还要多的时间，你就必须加班，达成承诺。如果顾客向你投诉员工的过失，那么请帮自己一个忙：立刻同意顾客的观点。你可以稍后再听员工的说法，但首先要赞同顾客，并且找出让他满意的方法。

4. 注意你的外表仪容且永远准时

有些工作可能无法保持外表整洁，但大体说来，不论在工作上

或任何展现你专业的场合，你永远该注意自己的仪容。你的头发应该梳理整齐，指甲修剪干净，衣服烫得笔挺，鞋子擦得铿亮，口气保持清新。如果你能够采取几个简单的步骤，打理自己的仪容，呈现你最好的一面，那么你的自信心，以及与人合作的信心都会大幅提升。

若你有皮肤问题，请去看皮肤科医师，接受治疗。如果你牙齿不整齐，也请和牙医约诊，整理门面；不要因为牙齿难看，而不敢张嘴微笑，表达你的热忱。相信我，你花在改造外表的时间和金钱，都会获得加倍的回报，让你得到更好的工作、薪水、奖金和自信。此外，永远都要准时，更好的做法是，提早一点。

5. 要井然有序

桌上不要堆积文件，把文件堆得比天高并不能显得你很忙碌，反而让你看起来漫无组织、乱七八糟，好像不知道自己在做什么。学习在你的电脑上运用快捷方式，把所有的文件归档，花点时间把一切整理得井然有序，并且保持下去。

6. 强调你的优点

身为一名讲者，我明白自己没有金克拉那样有磁性的声音，也没有像明星山缪・杰克森（Samuel L. Jackson）那样6.07英尺的高挑身材。但我的听众告诉我，我有魅力、幽默和启发人发挥卓越表现的能力。我演讲完之后，最常听到的两种评语是：“你很真诚”、“你很有趣”。这些就是我的优点，是让我的听众印象深刻的地方，因此我就把重心放在这些优点上。我报名参加单人脱口秀的课程，学习如何掌握说话的时机、呈现的方式，以及双关语和俏皮话，我努力让自己尽量诚心诚意。多做一些你擅长的事物，表现出更多的专长，如果你有某种天赋，就该发展那方面的才能。不论你的激励DNA是什么类型，强调你的专长，都能使你有更好的表现。

7. 对公司的钱就像对自己的钱一样节省

花公司的钱，就像花你自己的钱一样节省。因为到头来，它的确是你的钱。如果你为公司精打细算，自然就会获得重视及升迁，并且获得更多薪酬。只买成功所需要的事物，不多浪费公司一分钱。学会如何以更少的金钱做更多的事，同时又不损害顾客的利益；不要因为删减成本，而做出拙劣的产品或提供二流的服务——这对你的事业是一大杀手，非但不会提升你的业务，最后反而会损及公司的商誉。

致富的五大关键

运用激励DNA 的一个重要方式，是要确定你作了明智的财务决策。妥善运用财务策略来照顾自己和家人，这不但能提升你的生活水平，也能激发你在其他领域的动力。

1. 培养多种收入来源

许多财务顾问都这么建议，而我也全心全意地同意。若你只有一项收入来源，也就是白天工作的薪水，这就有点危险，因为万一发生什么意外，使这个收入减少甚至消失，你就会陷入困境。在不稳定的经济环境中，公司裁员、倒闭等都非常普遍。许多人只靠薪水过活，但富有的人却懂得如何理财，他们以各种管道投资，包括经营其他企业、不动产、避税公司、可以滋生股利的股票和债券等。如果一种收入受到影响或消失，还可仰赖其他收入。在收入方面，你也该多管齐下；你可以多兼一份差，在家或网络上创业，并且请教财务顾问，制定长期的投资策略。

2. 投资未来

合法的赚钱方式只有两种：让人工作和让钱工作。人工作以求糊口，但让钱工作却能致富，是富人更富的主要原因。

传统的观念是，如果你受过良好的教育，努力工作，就能致富；但根据我的观察，这种说法并不正确，除了很少的例外。工作并不能让你致富，工作或许可以让你住更大的房子，开更好的车，但并不能让你富有；工作可能很有趣，让你获得满足，却不能让你变成富翁。不过你的工作却能让你得到投资的初始资本，而这才是你该把有关激励DNA的知识，运用到财务上的地方。你是否受到金钱这种物质奖赏的驱使？那么请运用这个激励因子，想象一下，若你从今天开始，定期且明智地投资，能为你10年后的生活带来什么样的憧憬。你是否受到精神奖赏所激励？那么请让你的家人，以及你想要为家人提供舒适环境的那份心，成为你投资的诱因。

3. 量入为出

量入为出并不表示你该受苦，而是删减不必要的支出且节约花费，但不致让你感到自己的需求受到剥夺。不论你的激励DNA是哪一种，我们都不希望自己的生活会因为公司的财务问题，或经济的起伏而受到影响。你的工作明天还保得住吗？在经济不景气的时候，你能否继续付出贷款、购买汽油？量入为出是让你控制自己，并获得财务自由的方式。

我建议你只在两种情况下才能贷款：教育资金和购屋所需。所有的理财专家都建议，房贷不该超过每月净收入的28%，如果房贷所占的财务比例过高，你就没有多余的钱，可以购买生活中的其他必需品，更谈不上退休或孩子上大学的学费。我建议你所有的债务——包括房贷、车贷和信用卡，合计起来不该超过每月净收入的37%，否则你就该想办法降低每月的债务负担。

由你从激励DNA所了解的信息中，你应该先制订计划，逐步减少、再彻底消除卡债。避免因一时冲动而用信用卡消费，或购买会日渐贬值的物品。用自动扣除的方式，强迫自己每个月储蓄10%的税前收入；并且把钱存入紧急基金，万一洗衣机坏了要更新，或者需要修车时，就不必动用到信用卡。

质疑你每一次的购买是否真为必要。你真的需要在本周去餐厅吃大餐吗？如果你真的要上餐厅，在餐后何不省下甜点，回家再享用？买杂货时，选购商店的自有品牌——它们往往和知名品牌没有太大的差别，却便宜许多；由书到船，都可选用二手商品省钱。运用激励因子，量入为出，并且把这样的财务纪律运用在生活中。

4. 提升你的信用评分

几乎所有的贷款都是依据你的信用评分来决定，全美有3个信用报告所（债务征信局），分别是：Equifax、Experian和TransUnion。你的评分愈低，必须支付的利息就愈高。你的信用分数，也是决定你可以贷多少款项的因素，只要按时支付账单，减少债务，你就可以改进评分。你该在房贷或者重大贷款前3~6个月，向信用报告所征询你的评分，这样才有时间在借款之前改进你的分数。而要提升评分的方法就是，准时支付账单，纠正你信用报告上的明显缺失，降低信用卡的结存，把卡债还清而非转到利率低的信用卡上。你积欠的信用卡账务占信用卡额度的比率，也对你的信用评分有重大的影响，尽量让你的债务保持在额度的25%以下，这个比例相当重要，因此如果把卡债转到其他信用卡，结束旧账户，很可能影响你的信用评分。最后，在你准备申请贷款之际，不要开新信用卡账户，也不要关闭旧账户。

5. 终生学习

追求高成就的人永远在寻求教育机会。动力十足的人是学习者，而乐于学习的人就会有所得。你在教育上所做的投资，往往会得到丰富的回报，不论在财务和生活质量上皆然。我的朋友布莱恩·特蕾西（Brian Tracy）最近受邀在我们的“激励研讨会”上演讲。特蕾西是企业和个人成长的专家，曾写过逾40本著作。以下是他对终身教育的看法：

所有的技巧皆可学习：所有的业务技巧皆可学习，所有的销售技巧皆可学习，所有的投资技巧皆可学习，而你可以掌握这全部的技巧。你的聪明才智，让你能娴熟数国语言，可以学习为求达到人生任何目标所需的一切。问问自己，哪一种技巧是只要你娴熟，就能让生命获得最大改进空间的？找出你最差的技巧，每天练习，直到你熟练为止。只要你愿意改进自己最大的弱点，提升你最需要的技巧——而且你愿意终生都这样做，那么我相信，你会是全国最能干、最有聪明才智、最受重视且薪酬最高的人。

精神满足的三大秘密

激励与满足感是一体两面，并且相辅相成；若你心中觉得空虚不满，就很难保持动力。我虽然没有强调精神在激励方面的力量，但其重要性毋庸置疑。你依旧得运用你的激励DNA——动力、需求和奖赏，让你保持活力，乐于接受新挑战，并且在生命中面对更多的事物。但拥有目标意识和精神满足的感觉，是激发你动力的基本要素。

1. 绝不放弃你的价值观

永远保持诚实，做你认为是对的事。绝不放弃你的价值观或原则，因为这些价值观或原则会在你面对挑战时，支持你继续前进。

2. 明白自己的信念并亲身实践

并不是所有的人，都明白自己在精神上的信念，那没有关系，不知道自己的信念并不可耻。但如果不知道又不肯追求答案，那就不应该了。追求性灵上的真理，了解《圣经》。我在青少年时期读《圣经》，激励自己彻底改变了人生，因此你也该找出你自己的信念，并且了解其中的道理。如果你不能实践自己的信念，那么你就不算真正相信它们；光是空谈道德而不起而行之，就是伪善，你得实践。

3. 结识志同道合的朋友

研究显示，只要你作一个简单的决定，就可以更健康、更长寿、赚更多的钱，拥有更满意的人际关系、更高的自信心、更稳固的婚姻，以及更密切的亲子关系——那就是定期参加你信仰的教会活动。

一周至少上教堂一次的人，得心脏病的概率较低、血压较低、身心状况都较健康、较少有忧郁沮丧的情况、较少上医院、死亡率较低、较少滥服药物、拥有更多的社会支持，并且有较高的收入。这是极大的投资回报率。

维系关系的五种方法

没有人能只靠自己，就能一径保持动力，即使是任务导向型，也需要和其他人维系稳固的关系。因此在以激励为主题的书中谈到人际关系，虽然可能教人惊讶，但若要达到伟大的成就，这点却是非常必要的。唯有在我们的人际关系圆满时，才能有更多的精力，面对职场上的挑战。

1. 家庭第一

不论你有多大的成就，获得多少升迁机会、累积多少财富，但若你和家人的关系不佳，就会减少其他成就所带来的喜悦。人生稍纵即逝，不容你和家人疏离。我对成功的定义不是由金钱来衡量；在我看来，真正的成功，是要能与你已经长大成年的子女共享快乐时光。巩固婚姻、和子女建立友谊、改善你和家庭成员的关系，只要能达到这些结果，那么不论你作任何牺牲，都是值得的。

2. 启发并尊重他人

永远设法启发、鼓励你周遭的人，这会让你更有动力，设法协助他人，让他们因为向你学习，而能在个人和专业上更进步。此外，尊重公司里级别比你高的人很容易，但对部属和其他人，也应该保持同样的尊重。

3. 若有人纠正你的错误，应该感激

不要只是忍受别人纠正你，不要只是接受建设性的批评，你该主动张臂欢迎！感谢指出你错误的人，告诉他们："我会尽力改正。感谢你花时间指正，只要你看到我还有地方应该改进，请务必告诉我。"

犯错时，不要为自己找借口或理由，没有人想听你如何辩解，这只会让事情变得更糟。你只要说："抱歉，我错了，以后绝对不会再有第二次，我会尽量改正。"接受责备，而不要诿过，逃避责任只会让你显得不可靠。

4. 控制你的情绪且不要抱怨

在别人发怒时保持平静。不论处于什么情况，生气时永远不要提高音量，并以通情达理和谦逊的态度响应挑战，慌乱激动只会显示你欠缺自制。此外，成功的人永不抱怨。

5. 记住别人的名字和他们生活的细节

第一次与他人见面时，多念几次他们的名字，这有两个目的：每个人都喜欢别人知道自己的名字，这能使你更容易记住这些名字。你没有理由记不得同事、客户生活中最明显的细节，如果记不住，只是因为你懒。刚认识人之后，请记下他们的嗜好、生活中的大事、配偶和子女的名字等，并把这些笔记放在你的联络簿或通信

录中。下一次再见到他们时，提起他们家人的名字，问问他们的生活——最近去哪里度假、买的新房子如何，或者孩子的球赛结果如何。对他们的生活表示兴趣，显示你除了工作之外，对他们个人也同样关心。

为别人服务，不要自以为是首席大明星；没有人不能做低下的工作，伟大的领导者永远乐于为人服务，甚至非常热心地做仆役的工作。

完美健康的五大支柱

动力需要有良好的健康来维系，若你身体不适，就很难保持干劲。你该投资一点精力改善健康，并在生活中的任一领域，提升效能和动力。

1. 运动能助你保持活力

这一年来，我弟弟布莱恩瘦了74.8磅。他小时就圆滚滚一个，青少年时期的他长得又矮又胖，长大后则变得很粗壮。如今他已年近40，身形却突然有所改变，看起来年轻了至少10岁。

我问他说：“是什么促成了你的改变？”

布莱恩答道：“我怕死。一天晚上我躺在床上，心跳得厉害。我知道自己身体状况很差，因此很怕闭上眼睛，因为我不知道自己第二天早上还能不能醒过来。这让我下决心要减肥。”

我说：“这听起来很吓人，但你怎么能因此就减了74.8磅？你是怎么办到的？”

布莱恩说：“我想到一个朋友，他是一家大公司的执行长，身材保持得很好，他既跑马拉松，又参加铁人三项。他在工作上的压力和我不相上下，我想如果他有时间运动，那么我也一定有。因此我打电话给他，请他给我一点建议。

他告诉我，每天固定跑步的习惯，是他能活着的唯一原因；若非跑步，他根本无法管理这么庞大的公司——因为需求实在太多。跑步是让他摆脱压力的唯一方法。

这大大激励了我。那天下午，我去买了一双跑步鞋，我先跑一条街，接着跑两条街，接着再增为1英里，现在我可以一口气跑8英里而不休息。我的体重减轻了，压力也消失了，我现在的身材比我高中时期还要好；我每天只运动1小时，但这结果非常值得。我真希望自己20年前就开始这样做！”

医学上已经证实，在我们运动时，健康、脑部功能和情绪全都能有所进步。试试看每周运动5天，你可以先由你做得到的计划开始，并选择你喜欢的运动；如果你需要鼓励和支持，就请一位私人教练。是的，运动是一种承诺；没错，运动会让你花费时间和金钱，但糖尿病和心脏病会让你花费更多。

2. 保持充足的睡眠

你大可将睡眠不足的原因，怪罪到因特网、工作压力或者电视节目身上，但如今我们的睡眠远远不足于专家推荐的7.5~8小时。太多人每天平均只睡6小时，这对我们的动力有莫大的影响，会影响我们的学习能力、记忆、体重、精力、健康和安全。最重要的是，这会影响我们的性情。临睡前，我们该避免吃大餐、摄取咖啡因和做激烈的运动。关掉电脑、拿开PDA、把手机关机，早早上床睡觉。

3. 慎选你的饮食

你应该听过这句老话至少有千遍："人如其食。"这的确是真的，你应该谨慎选择饮食。若你过重，就该减重，这能让你更健康，拥有更多的精力，其他人也会注意到你外表的不同。

有些食物和饮料会让人上瘾，你该在饮食中避开。我爱甜食，但我却很少吃，因为我曾有过药瘾，因此我知道所有上瘾的行为。屈服于些许甜点，很容易就会演变成每餐饭后都需要蛋糕、饼干和巧克力。

你控制不了自己，因此吃完了整桶冰淇淋？那么一开始根本就不要买。如果家里没有这项商品，你就不会在半夜受到诱惑而情不自禁。你可知道，只要你每天早上喝咖啡时少用2匙糖，一年就可以减掉10公斤？不费力的小改变，是轻松减重的秘密。

几年前，我曾和一位电视圈的名人共餐，吃完饭后，她打开盐罐，在剩菜上洒了许多盐。她看到我吃惊的表情后说："现在我不会再受最后这几口的诱惑了。"只要能奏效的方法，都可以派上用场，像这样的小举动，正是避免赘肉上身的关键。

此外，你可以试试计算卡路里。你可以把高热量的食物，换成你同样喜欢的低热量食物，这让你同样能享受美食，但减少了所要负担的后果。以下是我午餐时如何计算卡路里的例子：

◎用加了莱姆精油的矿泉水（0卡路里）取代小杯橙汁（150卡路里）

◎用蒜盐黄瓜（40卡路里）取代玉米脆片（200卡路里）

◎用小橘子（35卡路里）取代苹果（100卡路里）

总计起来，我这顿午餐就已经少了375卡路里！每天减少这么多的卡路里，一年下来就相当于减了37.4磅。

记住，食物就是燃料。你不能灌一杯奶昔在你的油箱里，因为这会毁了你的车，而你的身体远比你的车宝贵，因此你对于如何保养身体，应该更注意。

4. 每年定期健康检查

每年健康检查能让你在发现病状之前，就找出问题。幸好大部分的疾病都能早期发现，早期治疗。每年都该进行一次全身的健康检查，并且至少检查一次牙齿，请务必做完医生针对你的年龄和性别所建议的所有检查。

5. 找出时间休息放松

每年找出时间休假，偶尔周末也该出游，如此才能降低你的压力、改善你的健康，让你更享受人生。46%的美国员工觉得自己超时工作，25%的人甚至不休年假，这对工作表现、员工流动率、职场安全和身体健康，都会有负面的影响。你该和你所爱的人共享放松的时光，这对你的健康、事业和家庭都能有所帮助。

只要遵循以上这些规则，我相信你的动力和活力都会大增，你也更能利用你的激励DNA，追求所有事物的成功。

人生的后半场仍未结束

鲍比·菲舍（Bobby Fischer）是有史以来最伟大的棋手，在棋盘64个方格之内，他是无人能出其右的天才。他幼时就是下棋神童，15岁就晋身为大师级人物，8次参加美国国际象棋锦标赛，更是8度摘冠。他是第一位，也是迄今为止唯一一位获得世界国际象棋锦标赛冠军的美国选手。

虽然他是国际象棋大师，行径却非常古怪，而且相当以自我中心。他的才华因他的傲慢而蒙羞，就连他的棋迷也不免受到他的轻视。有一次他在阿根廷下完棋，一位棋迷冲着他喊："真是太精彩了，鲍比。"他却回答："你懂什么？"

菲舍因为不肯卫冕世界冠军，因此被取消了棋王头衔。他生命的最后30年隐世索居，偶尔出现时，也总是发表一些反犹太人的恶毒言论，即便他自己的母亲就是犹太人。"9·11"事件发生后几个小时，菲舍接受广播节目访问，他说："太好了，我为这个行为喝彩，我希望美国灭亡。"菲舍或许在棋赛方面是第一，但他的人生却没有圆满结束。他在2008年去世时，《华尔街日报》说他是"让人抱歉、轻视、忽略的难堪人物"。

赢得第一固然教人兴奋，但还有比这更美好的事，那就是圆满地结束。在高尔夫球赛中，选手在挥杆击球之后，还得做出漂亮的弧形动作，职业高尔夫球选手说："你得有好的结束动作，才能有好的成绩。"而在人生中，正好反过来，你得打得好，才能有个漂亮的结束。

让我问你一个问题，听到O. J. 辛普森（O. J. Simpson，美式足球知名跑锋，卷入杀妻案）的大名时，你想到什么？迈克尔·维克（Michael Vick，美式足球知名四分卫，因卷入斗狗赌博而告别球场）？ 达尔·史卓贝瑞（Darryl Strawberry，纽约洋基队外野手，涉嫌吸食古柯碱）？迈克·泰森（Mike Tyson，前拳王，因强暴案坐牢，后来在拳赛中咬了对手霍利菲尔德的耳朵）？ 你想到的不是他们独特的运动才能，而是他们荒唐走板的行径。赢得第一虽然重要，但更重要的是要圆满地结束。有些人可能一鸣惊人，接着创造伟大的成就，但这并不表示他或她就能圆满地结束。

如今报纸头条常常报道名人的恶行——从酒醉驾车，到口出秽言，到一再地进戒毒所，但会犯错的人，绝非只有好莱坞或职业运动明星而已。不论是商业、政治，或社会上的各个角落，都会发生不当或错误的行为。

上面所提的运动员都才华横溢，我也钦佩这些人在运动上的成就。我提到他们的名字，并不是要羞辱他们，因为我自己也曾嗑药、贩毒，并且辍学，因此我没有资格批评。我为他们感到难过，但绝非要抹灭这些运动员的成就。因为我由第一手的经验，明白这些人是可以挽救的。前半场时的分数不算，因为还有下半场要比，最后的分数还没有公布，只有在一切结束的时候，才能算数。

此外，不论你多么才华横溢，都不可能遮掩你原本的个性。你是什么样的人，远比你所做的行为更有价值。想想看撒切尔夫人、里根总统、特蕾莎修女和其他我在本书中举例说明的人，我恳请你明智、仁慈、做对的事。强而有力的开始固然重要，贯彻到底也举足轻重，但我们最后如何结束，才决定我们会如何被传颂。因此运用你的激励DNA，帮助你自己在事业生涯上突飞猛进，达到你的目标，并启发其他人，而且最重要的是，圆满地结束。

Get Motivated 激励

▶ 附录A 你的短期挑战计划

目标：________________________________

期限：________________________________

依据你的目标，并针对你的三个主要激励因子，回答以下问题，尽量写出所有细节。

任务导向型

◇我如何把这个目标转换成一项竞赛？

◇为了达成目标，我会经历什么障碍和干扰？

◇我如何克服这些障碍？

◇哪些人、团体和机构可以帮助我完成重任？

关系导向型

◇我可以和什么机构建立联系，以帮助我完成目标？

◇谁成功达到了同样（或类似）的目标，而且可以帮助我制定出策略，克服我可能会遇到的困难？

◇我可以加入什么团体，以获得支持和激发我的动力？

◇谁可以激励我保持行动力，并且维持我的责任感？

偏好稳定型

◇我可以利用哪些现有的系统和架构，来帮助我达到目标？

◇我现在可以做些什么研究，好让我设计出一个获得成功的方法？

◇我如何减少干扰，让自己可以把注意力集中在日常工作上，并且能够朝目标前进？

◇达到目标之后，如何让我的生活更为均衡且稳定？

偏好变化型

◇我如何增加工作的乐趣，同时朝着目标努力？

◇有哪些最有创造力、最有趣的方式，可以助我达成目标？

◇如果第一项计划不成功，我如何继续第二项、第三项……计划？

◇我要如何提高达成目标过程中的乐趣，或是能增加何种变化，好让自己不觉得无聊？

精神奖赏型

◇这个目标为什么对我有意义？

◇这个目标对其他人有什么正面影响？

◇当情况变糟，或是进步速度变慢时，什么原因可以让我持续下去？

◇有什么内部资源是我可以运用的，让我可以每天朝着目标前进？

◇达到目标后，我会有什么收获?

◇在达到目标的过程中，我可以建立什么样的阶段性奖赏?

◇达到这个目标，将如何激发我取得更大的成功?

◇达到目标时，我要如何好好奖励自己?

Get Motivated 激 励

▶ 附录B　你的人生十大目标

你希望达成什么人生目标？把你的目标写下，能强迫你在脑海中拼凑出一幅景象，也能创造情感上的投入。要确定你有设立期限，以及达到目标的步骤。若你以原因为目标，那么结果就会自然出现。比如，与其写下“我要学意大利文”，不如写“因为我已经报名学意大利文，而且每天还练习10分钟，所以我希望自己能以意大利文流利地表达自己的意思”。

1. ______________________________

2. ______________________________

3. ______________________________

4. ______________________________

5. ______________________________

6. ______________________________

7. ______________________________

8. ______________________________

9. ______________________________

10. ______________________________

图书在版编目（CIP）数据

激励 /（美）罗葳（Lowe，T.）著；王怡文，庄安祺，
谢绮蓉译 .—长沙：湖南文艺出版社，2011. 2
书名原文：Get Motivated
ISBN 978-7-5404-4766-3

Ⅰ. ①激… Ⅱ. ①罗…②王…③庄…④谢… Ⅲ.
①成功心理学－通俗读物 Ⅳ . ① B848.4-49

中国版本图书馆 CIP 数据核字（2010）第 256044 号

著作权合同登记号：图字 18-2010-322
上架建议：励志・成功心理学

激 励

作　　者：【美】塔玛拉・罗葳（Tamara Lowe）
译　　者：王怡文　庄安祺　谢绮蓉
出 版 人：刘清华
责任编辑：徐小芳
策划编辑：庄丹霞
版权支持：辛　艳
版式设计：风　筝
封面设计：张丽娜
出版发行：湖南文艺出版社
（长沙市雨花区东二环一段 508 号　邮编：410014）
网　　址：www.hnwy.net
印　　刷：北京京都六环印刷厂
经　　销：新华书店
开　　本：880 × 1230　1/32
字　　数：180 千字
印　　张：8
版　　次：2011年 2 月第 1版
印　　次：2011年 2 月第 1次印刷
书　　号：ISBN 978-7-5404-4766-3
定　　价：26.80 元
（若有质量问题，请直接与本社出版科联系调换）

Get Motivated 激 励